DAS CHARMANTE DARM KOCHBUCH

CHRISTINA WIEDEMANN

DAS CHARMANTE DARM KOCHBUCH

60 REZEPTE FÜR EINEN GESUNDEN DARM

EMF

EIN BUCH DER
EDITION MICHAEL FISCHER

INHALT

GRUNDLAGEN 8

REZEPTE 38

VORWORT

Ein gesunder Darm kann nicht jede Krankheit heilen, aber er bildet eine wichtige Grundlage für das allgemeine Wohlbefinden und die Gesundheit. Zu Spitzenzeiten ist im Superorgan einiges los: Es tummelt sich eine enorme Anzahl an Mikroorganismen, guten und schlechten Bakterien, namenlosen und unbekannten Mikroben. Das Gewicht aller im Dickdarm lebenden Mikroorganismen wird auf bis zu zwei Kilogramm geschätzt, das entspricht etwa 100 Billionen Mikroorganismen. Die Zusammensetzung der Darmflora, der sogenannten Mikrobiota, ist bei jedem Menschen so einzigartig wie sein Fingerabdruck.

Eine artenreiche Darmflora ist essentiell für eine gute Gesundheit. Denn wo sich gute Darmbakterien niederlassen, können sich unerwünschte krank machende Bakterien nur schwer ausbreiten. Unter den Darmbakterien findet permanent ein Wettbewerb statt und es geht uns gut, wenn die Darmbakterien und die Darmschleimhaut in Balance sind: Vom Tag unserer Geburt an begleiten uns die Milchsäurebakterien. Diese produzieren Milchsäure, die für ein saures Milieu sorgt und dadurch die Ansiedelung und Vermehrung unerwünschter Darmbewohner erschwert. Auch die von den Darmbakterien erzeugten kurzkettigen Fettsäuren wie beispielsweise Buttersäure säuern den Darm an und wirken sich positiv auf den richtigen pH-Wert aus. Probiotische Nahrungsmittel wie Sauermilchprodukte oder fermentiertes Gemüse schmeicheln und pflegen unseren Darm, denn sie unterstützen die Aktivität der guten Darmbakterien. Außerdem helfen sie sowohl bei Verstopfung als auch bei Durchfall, da sie einen regulierenden Effekt haben.

Eine intakte Darmflora wiederum produziert Enzyme, die unsere Verdauung unterstützen. Die Zerlegung größerer Moleküle in kleinere Untereinheiten wird durch die Bakterien ebenso unterstützt wie auch der Transport von Nährstoffen durch die Darmwand in das Blut- und Lymphsystem. Ein gesundes Darmgleichgewicht ernährt und pflegt nicht nur die Darmwand, sondern unseren ganzen Körper. Andersherum gilt leider auch, dass eine beeinträchtigte Darmflora zu Erkrankungen führen kann.

Auch ein starkes Immunsystem hängt von einer gesunden Darmflora ab. Denn rund 80 Prozent aller Abwehrzellen befinden sich im Dickdarm. Diese verhindern das Eindringen unerwünschter Keime. Der Darm ist also eine wichtige Waffe des Immunsystems. Die Anwesenheit von Darmbakterien hält das Immunsystem auf Trab und trainiert es ständig. Durch die Einnahme von Medikamenten wie Antibiotika oder eine einseitige Ernährung wird nicht nur das Darmmikrobiom heftig angegriffen, auch das Immunsystem gerät aus den Fugen.

Mit einer gesunden und abwechslungsreichen Ernährung können wir das Multitalent Darm unterstützen und das Gleichgewicht der Mikrobengemeinschaft – die Bewohner im Darm – wiederherstellen. Dies sorgt für starke Abwehrkräfte und beugt Verdauungsbeschwerden und Darmkrankheiten vor.

Unterstützen Sie Ihren Darm tatkräftig: Lassen Sie sich von den darmfreundlichen Rezepten inspirieren und versuchen Sie sooft wie möglich frisch zu kochen. Das ist Powerfood für die Darmbakterien! Eine gesunde Darmflora ist der Schlüssel zu mehr Wohlbefinden und für ein gutes Bauchgefühl, weil ein gesunder Darm glücklich macht!

Ihre

Christina Wiedemann

GRUND
LAGEN

GESUNDE DARMFLORA

VÖLLIG UNGESTÖRT

Während wir uns nach einem guten Essen entspannt zurücklehnen und ein Nickerchen halten können, vollbringt der Verdauungstrakt im Verborgenen Höchstleistungen.

GUTE VERDAUUNG – EIN GUTES BAUCHGEFÜHL

Der Darm und alles, was darin vor sich geht, war für viele Menschen bisher ein eher unangenehmes Thema. In den letzten Jahren hat sich das vermeintlich schlechte Image gewandelt und der Darm und die Verdauung haben es zu ungeahnter Popularität gebracht. Tatsächlich ist der Darm ganz einfach von zentraler Bedeutung für die Gesundheit des Körpers. Denn er ist unverzichtbar für einen gesunden Stoffwechsel und ein starkes Immunsystem. Rund 30 Tonnen Nahrung und 50 000 Liter Flüssigkeit verarbeitet der Darm im Laufe eines Menschenlebens – ein Meisterwerk!

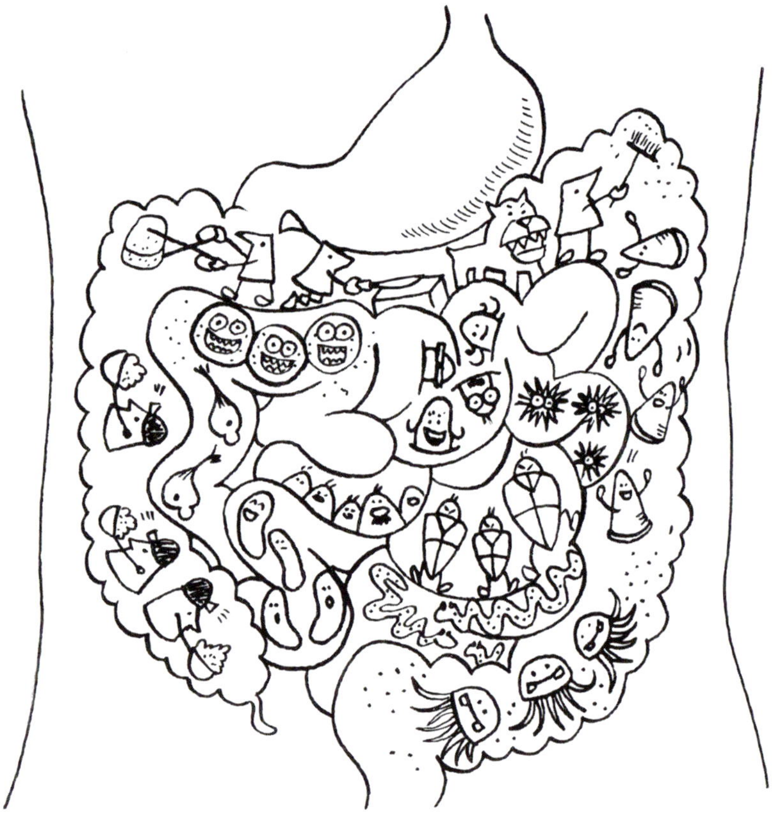

Unser Darm beherbergt ein komplexes Ökosystem: Hier tummeln sich zahlreiche Mikroorganismen.

Der Darm – das Organ der Superlative
In unserem Bauch schlängelt sich ein drei bis fünf Meter langer Dünndarm locker von links nach rechts, bis er in den Dickdarm übergeht. Nur die letzten Zentimeter haben etwas mit dem Stuhlgang zu tun. Davor spielt sich alles überraschend sauber und geruchlos ab. Der Großteil des Darminneren sieht wie Samt aus und glänzt in zartem Rosa, so die Bestsellerautorin Giulia Enders in ihrem Buch „Darm mit Charme". Elegant legt sich der Darm in Falten und bringt es mit seinen Ausbuchtungen und Zotten platzsparend auf eine Oberfläche von bis zu 300 Quadratmetern. Zum Vergleich: Unsere gesamte Hautfläche beträgt bis zu zwei Quadratmeter und ein Tennisplatz ist 260 Quadratmeter groß. Aber das ist noch nicht alles: Aus einem winzigen Quadratmillimeter Darmhaut ragen 30 winzige Zotten, die so klein sind, dass wir sie mit bloßem Auge nicht sehen können. Das macht den Darm zur größten Austauschfläche zwischen der Umwelt und uns. Er bietet uns auf kleinstem Raum so viel Fläche wie nur möglich, um die Nahrung zu zerkleinern, zu transportieren, aufzuspalten und um daraus Nährstoffe verfügbar zu machen.

Bakterien – nützliche Unterstützer
Damit der Darm diese komplexe Aufgabe bewältigen kann, benötigt er Unterstützung. Rund 1 000 verschiedene Bakterienarten leben im Darm, insgesamt besteht die Mikrobengemeinschaft aus rund 100 Billionen Bakterien – das Ganze wird in der Fachsprache Mikrobiota genannt. Die Besiedelung des Darms mit den Bakterien beginnt schon bei der Geburt. Ist das Baby in der Gebärmutter in der Regel keimfrei, bekommt der Säugling während der Geburt Kontakt mit der mütterlichen Keimflora. Umwelt und Nahrung sorgen für die weitere Besiedelung des Darms mit lebenswichtigen Mikroorganismen. Erst mit drei Jahren hat sich die Darmflora weitestgehend häuslich eingerichtet und erreicht volle Funktionsfähigkeit. Die Zusammensetzung der Darmflora ist deshalb bei jedem Menschen so einzigartig wie sein Fingerabdruck. Beeinflusst wird das komplexe Ökosystem durch Ernährung, Stress und Medikamente.

Neben ihrer Verdauungsarbeit bilden die Mikroorganismen zudem die erste Verteidigungslinie, um krank machende Keime in Schach zu halten. Der größte Teil, rund 80 Prozent aller Abwehrzellen, befindet sich im Darm. Damit beeinflussen die Bakterien unser Immunsystem erheblich.

NICHT SELBSTVERSTÄNDLICH

Im Verwerten von Nahrung ist der Darm äußerst präzise. Erst wenn nicht mehr alles reibungslos funktioniert und das sensible Gleichgewicht aus den Fugen gerät, wird uns seine zentrale Rolle bewusst.

DIE DARM-HIRN-ACHSE

Die Harmonie im Darm hängt von schätzungsweise 100 Billionen Bakterien ab – der Darm beeinflusst uns und unsere Psyche in einer Weise, die bis vor Kurzem noch kaum vorstellbar war.

Die Wissenschaft spricht hier von einem „Darmhirn" und steht noch in den Anfängen ihrer Untersuchungen. Neuere Studien zeigen, dass der Darm über seine Mikroben mit dem Gehirn kommuniziert und damit Angst- und Stressreaktionen beeinflusst.

AUTONOMES DARMHIRN

Während unser Gehirn direkt zum Beispiel die Muskeln in Armen und Beinen steuert, braucht der Darm als einziges Organ im Körper keine Hilfe durch den Denkapparat. Das sogenannte Darmhirn steuert die Darmbewegungen selbstständig.

Das sogenannte zweite Gehirn verfügt über ein eigenes Nervensystem, das die Darmbewegungen, die sogenannte Darmperistaltik, selbstständig steuert. Dieses Nervensystem besteht aus 100 Millionen Nervenzellen – mehr als im Rückenmark –, den Zellen, aus denen auch das Gehirn aufgebaut ist. Das Darmhirn arbeitet weitgehend unabhängig. Wir bekommen von all den Aktivitäten, die in uns passieren, normalerweise nichts mit. Doch es gibt auch Anknüpfungspunkte: Etwa bei Hunger oder Erbrechen oder wenn wir zur Toilette müssen, wird das Gehirn eingeschaltet. Das funktioniert über die Datenautobahn zwischen Kopf und Darm, den Nervus vagus, der zwischen Gehirn und Nervensystem des Darms vermittelt.

Sind wir also mit unserem Gemütszustand von ungefähr zwei Kilogramm Darmbakterien abhängig? Im Volksmund entscheidet das Multitalent Darm über viele Befindlichkeiten: Liebe geht durch den Magen, heißt es, während schlechte Neuigkeiten auf selbigen schlagen. Auch schlucken wir Enttäuschungen herunter. Und manch einer verlässt sich mehr auf sein Bauchgefühl als auf den Denkapparat.

Die richtige Fütterung der Darmbakterien hat also einen entscheidenden Einfluss auf das sensible Gleichgewicht im Darm, sie sorgt zudem für starke Abwehrkräfte und eine funktionierende Verdauung.

REISE DURCH DEN DARM

BEEINDRUCKENDE VIELFALT

Vom Frühstücksmüsli über das Sandwich zum Mittagessen bis zur Pasta zum Abendessen, zwischendurch Snacks und natürlich Getränke: Jeden Tag gelangt eine Vielzahl unterschiedlichster Lebensmittel in unseren Körper. Um sie nutzen zu können, muss der Körper die damit zugeführten Nährstoffe aufschließen und verwerten. Doch es ist ein langer Weg, bis aus den einzelnen Lebensmitteln für den Körper neue Energie wie Muskelkraft, Körperwärme und Konzentration wird. Begeben wir uns auf die Reise – und begleiten beispielhaft den Weg eines verzehrten Sandwichs!

Hereinspaziert – mit dem Sandwich durch das Verdauungssystem

Schon im Mund beginnt die Verdauungsarbeit. Die Mundhöhle bildet die Pforte für eine spektakuläre Reise. Die Zähne beginnen das Sandwich zu zerkleinern. Hilfe bekommen die starken Kauwerkzeuge von dem im Speichel enthaltenen Enzym Amylase. Das verdauungsfördernde Enzym beginnt mit dem Zerlegen der Kohlenhydrate – Stärke wird in kürzere Bausteine zerlegt. Täglich werden von den Speicheldrüsen dazu etwa 1,5 Liter Speichel produziert. Langsam wird aus dem Sandwich ein zähflüssiger Brei, der allmählich auch süß schmeckt, da die Stärke (Mehrfachzucker) in süß schmeckenden Zweifachzucker Maltose (Malzzucker) abgebaut wurde.

AUGEN UND NASE ESSEN MIT

Die Auslage beim Bäcker ist für die Augen wahres Kino – Sandwich, Hefegebäck oder doch die Sahnetorte. Und den Duft nach frisch gebackenen Köstlichkeiten kann auch der Riechkolben nicht ignorieren. Die Leckereien lassen einem das Wasser im Munde zusammenlaufen. Und auch der Magen schüttet bereits in Vorfreude etwas Magensäure aus.

Durch die Speiseröhre in den Magen

Gut durchmischt wird der Speisebrei mit dem Schlucken abwärts in die Speiseröhre weitergeleitet. In wenigen Sekunden reist das Sandwich 25 Zentimeter in die Tiefe. Damit die Bissen gut gleiten können, ist die Speiseröhre innen mit Schleimhaut ausgekleidet. Kräftige Muskeln unterstützen sie dabei – deshalb kann man auch auf dem Kopf stehend und in der Schwerelosigkeit essen.

FEINTUNING

Über Getränke und feste Nahrung gelangen täglich 1,5–2 Liter Wasser in unseren Darm. Weitere 6–9 Liter Verdauungssekrete kommen dazu. Der Dünndarm hat die wichtige Aufgabe, täglich 7,5–8 Liter Wasser zurückzugewinnen. Sonst müssten wir täglich bis zu 7 Liter Wasser trinken.

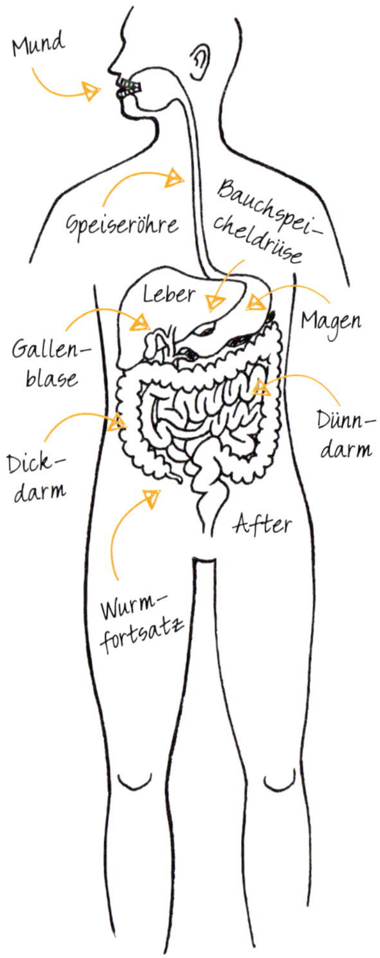

Der Verdauungstrakt – eine Reise vom ersten Bissen bis zum „Bye-bye".

SCHLUCKEN ALS REFLEX

Schlucken ist einer der kompliziertesten Reflexe. Mehr als 20 Muskeln sind daran beteiligt. Da sich Atem- und Speiseweg kreuzen, ist Teamwork gefragt. Damit keine Speiseteile in die Luftröhre gelangen, verschließt der Deckel des Kehlkopfes die Luftröhre. Schon Babys im Bauch der Mutter üben das Schlucken von Fruchtwasser.

Der Magen ist als Nächster dran

Er ist der Auffangbehälter für die Sandwichbissen. Der Verdauungsbeutel sitzt unter dem Zwerchfell und liegt leicht schief, somit können Flüssigkeiten ungehindert direkt über die kurze Seite zum Ausgang fließen, während die festen Nahrungsteile gut durchgeknetet werden. Täglich produziert der Magen rund zwei Liter Magensaft, der überwiegend aus Schleim, Salzsäure und eiweißspaltendem Enzym (Pepsin) besteht. Der Schleim schützt den Magen davor, dass er sich selbst verdaut. Und die Salzsäure aktiviert das eiweißspaltende Pepsin und löst gleichzeitig die räumliche Struktur der Proteine (Eiweiß) auf, die dann leichter abgebaut werden können.

Die Muskeln der Magenwand mischen und zerkleinern den Sandwichbrei mechanisch. Rund drei bis vier Stunden wird der Magen die Nahrung durcheinanderwirbeln. Das Magenschaukeln bringt den gesamten Verdauungstrakt in Bewegung – ein Zeichen für den Darm, Platz zu schaffen. Der Nahrungspförtner, ein Muskel zwischen Magen und Darm, gibt die Bissen, die dann größtenteils kleiner als 0,2 Millimeter sind, portionsweise an den obersten Abschnitt des Dünndarms weiter, den Zwölffingerdarm (der etwas länger als zwölf nebeneinander gelegte Finger ist). Hier kommen die Verdauungssäfte aus Bauchspeicheldrüse und Galle dazu. Übrigens: Leer ist der Magen nur etwa faustgroß, aber solange Essen hineinfällt, dehnt er sich und kann beim Erwachsenen bis zu zwei Liter Nahrung aufnehmen.

MAGENKNURREN – ZEIT ZUM PUTZEN

Der Magen meldet sich mit einem Geräusch, das wie Knurren klingt. Dieses Geräusch kommt allerdings nicht nur vom Magen, sondern auch vom Dünndarm. Wenn beide leer sind, muss die Stube gefegt werden. Das heißt, der Magen fegt die Überreste in den Dünndarm, der dann anfängt, sich zu reinigen. Und je nachdem wie viel Luft in Magen und Darm ist, hört man es kräftig rumoren und knurren.

Im Dünndarm geht es dann richtig zur Sache

Hier findet der größte Teil der Verdauung statt. Die Hauptbestandteile unseres belegten Brötchens wie Kohlenhydrate, Eiweiß und Fette gelangen im

Verlauf des Dünndarms durch die Darmwand ins Blut- und Lymphsystem. Kohlenhydrate aus dem Brötchen werden zu den kleinsten Zuckereinheiten, den Einfachzuckern wie Glukose, gespalten: Eiweiß (Proteine) aus Käse oder Wurst in die einzelnen Aminosäure-Bausteinen und Fette aus Käse oder Wurst in die einzelnen Fettsäuren. Alle diese Nährstoffe liefern dem Körper Energie, nur so kann er effizient arbeiten.

Um diese Massen an kleinen Nahrungsbausteinen aufzunehmen, benötigt der Dünndarm eine ausreichend große Fläche. Das bis zu sechs Meter lange Organ ist dabei nicht einfach nur ein Rohr, das sich hin und her schlängelt. Der Dünndarm legt sich in zahlreiche ringförmige Falten. Auf ihnen finden sich kleine Ausstülpungen, die Darmzotten. An ihrer Oberfläche besitzen die Zellen der Darmzotten wiederum einen feinen Bürstensaum. Insgesamt wird über diese Ausstülpungen die innere Oberfläche des Dünndarms auf bis zu 300 Quadratmeter vergrößert. Damit spart der Dünndarm jede Menge Platz und kommt auch im schlanksten Menschen unter. Diese enorme Fläche bietet ausreichend Kontakt zwischen Nährstoffen und Dünndarmschleimhaut. Fast die komplette Sandwich-Nährlösung gelangt über die in den Darmzotten befindlichen Blut- und Lymphbahnen zur Leber. Dort wird die Nahrung auf Schadstoffe und Gifte geprüft. Schlechtes wird hier vernichtet und alles, was das Qualitätssiegel der Leber erhalten hat, darf weiter und versorgt den Körper mit Energie. Was nicht gebraucht wird, sammelt sich als Energiespeicher in der Leber.

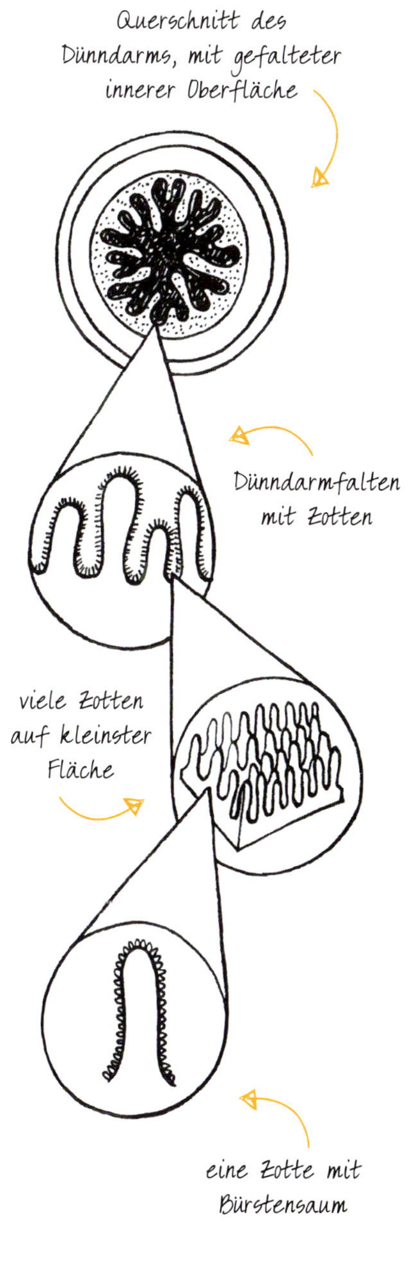

Letzte Station Dickdarm

Last but not least: Alle Reste des Nahrungsbreis, für die der Dünndarm keine Verwendung hat, werden weiter an den Dickdarm geleitet. Der Dickdarm legt sich wie ein Rahmen oder wie ein umgedrehtes U um den Dünndarm herum. Im Gegensatz zum Dünndarm besitzt die Dickdarmschleimhaut keine Zotten, sondern halbmondförmige Falten, die ebenfalls für eine Oberflächenvergrößerung sorgen. Der Dickdarm ist die Heimat der Darmbakterien. Die Community besteht aus Billionen nützlicher Bakterien, sie zerlegen einige der unverdaulichen Stoffe, die sogenannten Ballaststoffe.

Rund 16 Stunden verarbeitet der Dickdarm die unverdaulichen Nahrungsreste, wie Fasern von Gemüse oder Getreide – unter anderem werden Mineralstoffe und noch vorhandenes Wasser aus dem Speisebrei zurückgewonnen. Allein rund neun Liter Verdauungssäfte wurden eingesetzt, das soll zurück und spart uns das ein oder andere Glas Wasser!

Drei- bis viermal täglich kommt Bewegung in den Dickdarm: Er schiebt den Nahrungsbrei vorwärts – Toilettengang von dreimal täglich bis einmal alle drei Tage ist das Ergebnis. Vom ersten Bissen bis zum „Bye-bye-Sandwich" vergeht durchschnittlich ein Tag. Die letzten Reste des Sandwichs enthalten unverdauliche Nahrungsbestandteile, Enzymrückstände, abgestorbene Darmzellen und Bakterien. Unglaublich: In einem Gramm davon befinden sich mehr Bakterien als Menschen auf der Erde.

DARMFLORA – ARTENREICHE BEWOHNER

Eine gesunde Darmflora zeichnet sich durch eine möglichst bunte Mikroben-Community aus. Vielfältige Mikroorganismen produzieren eine Reihe von lebenswichtigen Vitaminen und sind die Wunderwaffe des Immunsystems. Sie bekämpfen krank machende Keime, schleusen Gifte aus unserem Körper und produzieren Stoffe, die unsere Gesundheit, die Stimmung und die Psyche beeinflussen.

DARM(FLORA)PFLEGE

Das beste Investment in eine gesunde und vielfältige Darmflora ist eine ausgewogene Ernährung. Mit reichlich Ballaststoffen aus Getreide, Hülsenfrüchten, Obst und Gemüse stärken Sie Ihre Darmflora!

Forscher vermuten auch, dass Übergewicht, Mangelernährung, Nahrungsmittelunverträglichkeiten, Allergien und Depressionen bei einigen Menschen mit einem gestörten Gleichgewicht des Darmbiotops zusammenhängen können.

Bakterien sind dabei vom Mund über den Magen bis zum Dickdarm und After zu finden. Die höchste Bakterienkonzentration befindet sich im Dickdarm, hier ist das Verdauen schon fast vorbei und nur das Unverdaute wird transportiert. Insgesamt bis zu zwei Kilogramm wiegt unsere Darmflora. Die gefaltete Darmschleimhaut bietet den Darmbakterien einen perfekten Wohnraum. Die winzigen Lebewesen bürgen hier für eine gründliche Verwertung der Nahrung, denn die Bakterien bearbeiten die Lebensmittelbestandteile, die wir sonst nicht aufspalten können.

Von guten und bösen Bakterien

Wie unsere Darmflora zusammengesetzt ist, hängt eng mit unserem Lebensstil und unserer Ernährung zusammen. Dabei verfügt jeder Mensch über eine ganz eigene Sammlung an Bakterien, die sich permanent verändert. Je nach Vorliebe, ob Vegetarier oder Mischköstler – jeder hat andere „Mitesser". Wer sich einseitig ernährt, der vergrault andere Völker und verringert die Artenvielfalt.

Einige Bakterien sind besonders engagierte Futterverwerter, sie holen zum Beispiel auch aus einem Salatblatt noch das letzte bisschen Energie heraus. Und genau von diesen sogenannten Moppelbakterien haben übergewichtige Menschen oft zu viel in ihrem Darm. Warum einige Menschen mehr von diesen eifrigen Darmbakterien aufweisen als andere, wird gerade erforscht. Die gute Nachricht lautet: Man kann sich gegen die Übermacht der Moppelbakterien wehren und den Darm mit einer abwechslungsreichen und ausgewogenen Ernährung wieder in eine gesunde Balance bringen.

Wiederum andere Bakterienstämme wie Milchsäurebakterien, beispielsweise Laktobazillen und Bifidobakterien, sind besonders nützliche Darmschmeichler. Besonders effektiv sind diese sogenannten Probiotika (siehe auch Seite 27) nach einer Antibiotika-Einnahme und bei Durchfall, Verstopfung oder Reizdarmsyndrom. Diese Mikroorganismen gibt es in Form von Arzneimitteln, sie finden sich aber auch in probiotischen Lebensmitteln. Bakterien aus Probiotika siedeln sich allerdings nicht auf Dauer im Darm an. Sie müssen daher regelmäßig auf dem Speiseplan stehen.

Immunsystem – Verteidigungstrupp Bakterien
In dem Gewusel von Milliarden Organismen muss das Immunsystem den Überblick behalten. Es soll krank machende Keime beseitigen und jene gewähren lassen, die die Nahrung aufschließen.

Im Darm liegt unser größtes Abwehrorgan, das sogenannte darm-assoziierte Immunsystem, das durch die Darmbakterien ständig trainiert wird. Die Mehrheit unserer Mikroben-Bewohner ist harmlos und sehr nützlich. Sie verteidigen ihre ökologische Nische gegen fremde Keime und dienen der Körperabwehr. Jeder Millimeter der Darmschleimhaut ist dafür normalerweise mit dem richtigen Helfertrupp an Bakterien besetzt, die krank machenden Keimen keine Chance lassen. Darüber hinaus helfen die Bewohner dem menschlichen Immunsystem, zwischen Gut und Böse zu unterscheiden.

Da die im Darm gebildeten und geprägten Abwehrstoffe und Immunzellen sich über das Blut- und Lymphgefäßsystem im ganzen Körper verteilen, können sie überall zuschlagen, wo Keime eindringen – also auch in der Nasenschleimhaut oder in den Bronchien. Eine gesunde Darmflora schützt deshalb vor Erkältungen und hält unser Immunsystem fit.

ANTI-INFEKT-KOMBINATION

Unser Immunsystem unterliegt einem täglichen Umbau, eine große Zahl von Immunzellen wird ständig erneuert. Dazu benötigt der Körper viele verschiedene Nährstoffe, insbesondere Vitamin C und E sowie Zink. Eine gute Versorgung mit diesen Vitalstoffen ist der beste Garant für ein intaktes Immunsystem.

Die Darmbakterien-Community in Aktion, sie verteidigen den Körper gegen Krankheitserreger und sorgen für eine gründliche Verwertung der Nahrung.

ESSEN FÜR EINEN GESUNDEN DARM

DARMCHARMANTE ERNÄHRUNG

Eine gesunde und ausgewogene Ernährung fördert eine intakte Darmflora, sie unterstützt die Verdauungsarbeit und stärkt das Immunsystem. Was aber genau bedeutet das für die rund zwei Kilogramm Mikroben in unserem Magen und Darm? Wie soll unser Darmbiotop am besten gefüttert werden?

Was unsere Darmbakterien lieben …

Leicht verdauliche Lebensmittel wie Zucker gelangen oft gar nicht bis in den Dickdarm, wo die meisten unserer Mitesser wohnen. Wer nur leicht Verdauliches isst, vernachlässigt also seine Dickdarmflora. Günstig für die Mikrobengesellschaft sind dagegen reichlich Ballaststoffe aus Obst, Gemüse und Vollkornprodukten. Eine vielfältige Mischung bietet den kleinen Lebewesen die beste Lebensgrundlage.

Obst und Gemüse – die bunte Mischung macht's

Die Darmflora bevorzugt reichlich gekochtes und rohes Gemüse. Aber auch buntes Obst tut ihr gut. Denn Gemüse und Obst enthalten neben wichtigen Vitaminen und Mineralstoffen auch Darmschmeichler wie Ballaststoffe, die die Verdauung unterstützen.

Vitamine und Mineralstoffe sind wahre Multitalente, da sie wichtige Stoffwechselfunktionen im Körper am Laufen halten. Wir benötigen sie zur Stärkung des Immunsystem, außerdem schützen sie Zellen und sorgen für stabile Knochen und Muskeln. Ferner leisten sie einen wichtigen Beitrag zum Schutz vor Herz-Kreislauf-Erkrankungen und Krebs. Die 13 heute bekannten Vitamine müssen regelmäßig mit der Nahrung aufgenommen werden, da der Körper sie selbst nicht bilden kann. Die fettlöslichen Vitamine A, D, E und K kann der Körper speichern, die wasserlöslichen B-Vitamine und Vitamin C sind nicht speicherfähig.

Auch ohne Mineralstoffe wie Kalzium, Magnesium, Eisen oder Zink funktioniert nichts im Stoffwechsel. Diese werden zwar nur in kleinen Mengen benötigt, aber sie gehen besonders mit der Ausscheidung von Urin und Schweiß verloren. Daher müssen sie täglich über die Nahrung zugeführt werden. Zudem wirken sich die im bunten Obst und Gemüse enthaltenen Farb- und Schutzstoffe, die sogenannten sekundären Pflanzenstoffe, positiv auf die Darmgesundheit aus. Eine farbenfrohe Mischung aus Obst und Gemüse erhält die Artenvielfalt der Darmbewohner. Als Faustregel gilt: fünf Portionen Obst und Gemüse am Tag (siehe Kasten).

DAS 5-A-DAY-PRINZIP

Eine Portion entspricht dabei:

- 1 Handvoll Obst wie Apfel, Birne oder Banane
- 2 Handvoll Beerenfrüchte wie Erd-, Him- oder Blaubeeren
- 1 Handvoll Gemüse wie Tomate, Kohlrabi oder Radieschen
- 2 Handvoll zerkleinertes Gemüse wie Salat, Karotten oder Brokkoli
- 1 Handvoll gegarte Hülsenfrüchte wie Bohnen, Linsen oder Kichererbsen
- 1 Glas (ca. 200 ml) hochwertiger Obst- oder Gemüsesaft mit 100 Prozent Fruchtgehalt

TIPP

Vollkorn = volles Korn?

Lassen Sie sich beim Vollkornbrot oder -brötchen nicht von der dunklen Farbe und den Körnern obendrauf täuschen. Die Farbe kann auch von färbendem Malz oder Karamellsirup stammen. Nur wo „Vollkorn" daraufsteht, ist auch das volle Korn mit reichlich Ballaststoffen enthalten. Der Begriff ist gesetzlich geschützt: Mindestens 90 Prozent Roggen- oder Weizenvollkornmehl muss ein Vollkornbrot enthalten.

GUTE UND SCHLECHTE KOHLENHYDRATE

Kohlenhydrate bestehen aus Zuckermolekülen. Sie liefern vier Kilokalorien pro Gramm und sind die wichtigsten Energiespender für unseren Körper. Daher sollten sie den Großteil der Nahrung ausmachen – das heißt: mehr als 50 Prozent der täglichen Kalorienzufuhr. Je nach Anzahl der kombinierten Zuckerbausteine werden Kohlenhydrate in Einfach-, Zweifach- oder Mehrfachzucker unterschieden:

Einfache Kohlenhydrate sind vor allem in Honig, Zucker und Süßigkeiten enthalten. Sie sparen unserem Verdauungssystem eine Menge Arbeit, da sie schnell aufgenommen werden können. Einfachzucker liefern aber nur „leere Kalorien", das heißt viel Energie, jedoch keine Vitamine und Mineralstoffe.

Zweifache Kohlenhydrate bestehen aus zwei Zuckerbausteinen, sind auch relativ leicht zu knacken und schmecken überwiegend süß. Dazu zählen beispielsweise Haushaltszucker (1 Molekül Glukose + 1 Molekül Fruktose), Milchzucker (1 Molekül Glukose + 1 Molekül Galaktose) oder Malzzucker (2 Moleküle Glukose).

Komplexe Kohlenhydrate aus Vollkornprodukten, Getreide, Hülsenfrüchten und Gemüse liefern in der Regel gleichzeitig lebenswichtige Vitamine und Mineralstoffe und sollten daher reichlich Platz auf dem darmgesunden Speiseplan finden. Ballaststoffe aus Obst, Gemüse, Getreide und Vollkornprodukten bestehen aus vielen Einfachzuckern, die jedoch so verbunden sind, dass sie vom Köper nicht aufgespalten werden können. Ballaststoffe sind die Lebensgrundlage für unsere guten Darmbakterien.

DER GLYKÄMISCHE INDEX?

Der glykämische Index (GI) ist ein Maß dafür, wie schnell oder hoch der Blutzuckerspiegel nach dem Essen bestimmter Kohlenhydrate steigt. Er steht also für die Qualität der Kohlenhydrate. Lebensmittel mit einem hohen GI wie Weißmehlprodukte und Süßigkeiten schicken den Zucker schnell in großer Menge ins Blut. Lebensmittel mit einem niedrigen GI wie Gemüse, Hülsenfrüchte, Milchprodukte, Nüsse und Fleisch geben den Zucker nur langsam ins Blut ab. Letztere haben einen hohen Sättigungsgrad und sind prima für eine darmbewusste Ernährung.

Ballaststoffe – Fitnessprogramm für den Darm

Ballaststoffe kommen fast ausschließlich in pflanzlichen Lebensmitteln vor. Sie geben der Pflanze das nötige Gerüst. Für uns Menschen ist die feste Stütze zwar unverdaulich, aber nicht wertlos. Denn unsere Mitesser im Darm lieben Ballaststoffe – sie sind sozusagen Feinkost für die Bakterien.

Die meisten Menschen essen allerdings zu wenig Ballaststoffe und entziehen damit den guten Bakterien die Lebensgrundlage. Die Folge: Ein harter Konkurrenzkampf von guten und schlechten Bakterien entsteht. Nehmen die schlechten überhand, dann läuft es nicht mehr rund. Fremde Keime können sich dann bis in den Dünndarm ansiedeln und Durchfälle, Entzündungen und Allergien auslösen. Und ist die Darmflora instabil, können schädliche Mikroorganismen auch anderswo im Körper nicht mehr so schnell erkannt und bekämpft werden, das Immunsystem beginnt zu schwächeln.

Reichlich Ballaststoffe sind vor allem in Vollkornprodukten, Hülsenfrüchten, Nüssen und Gemüse enthalten. Sie bringen den Darm auf Trab und regen die Verdauung an. Diese Darmfitness sorgt dafür, dass Essen schneller durchkommt und geschmeidig bleibt. Ballaststoffe wirken darüber hinaus ausgleichend auf den Blutzucker- und Blutcholesterinspiegel und senken das Risiko von Darmkrebs und Herz-Kreislauf-Erkrankungen.

Das 1 x 1 der Ballaststoffe

Innerhalb der Ballaststoffe lassen sich wiederum verschiedene Typen unterscheiden – mit jeweils anderen Eigenschaften und Effekten:

Lösliche Ballaststoffe aus Obst, Gemüse und Getreide sorgen für ein günstiges Bakteriengleichgewicht, da sie den Darmbakterien als Futter zur Verfügung stehen. Beim Abbau durch die Darmbakterien entstehen kurzkettige Fettsäuren und Gase, die den Darm anregen und unseren Darmzellen als Energie dienen. Darüber hinaus tragen sie zur Reparatur und Instandhaltung der Darmzellen bei, wodurch die Nahrung bestens verwertet werden kann. Zudem wirken lösliche Ballaststoffe wie ein Gel. Sie binden viel Wasser und quellen im Darm auf. Das macht den Stuhl geschmeidig.

Unlösliche Ballaststoffe aus Vollkorngetreide, Hülsenfrüchten, Gemüse und Obst binden auch Wasser, werden im Darm aber nicht abgebaut. Sie füllen den Speisebrei auf und sorgen so für mehr Volumen. Das macht den Nahrungsbrei schwerer und hält den Darm auf Trab. Die erhöhte Darmfitness führt dazu, dass der Stuhl schneller vorangetrieben wird.

Resistente Stärke entsteht bei erhitzten und wieder abgekühlten stärkehaltigen Produkten wie Brot, Kartoffeln, Reis oder Nudeln. Sie kann vom Verdauungssystem nicht gespalten werden, ist für die Darmbakterien aber so etwas wie Powerfood.

In den Speiseplan aufnehmen

Täglich mindestens 30 Gramm Ballaststoffe bieten den Bakterien einen perfekten Lebensraum. Diese Menge können Sie über den Tag verteilt leicht erreichen (siehe rechts). Eine Umstellung auf eine ballaststoffreiche Ernährung sollte langsam erfolgen. Zu viel des Guten auf einmal sorgt für Gas und bläht den Darm auf. Die Folge: ein ordentliches Trompetenkonzert!

GEWUSST WIE

Beispiel für einen ballaststoffreichen Tag

- 1 Portion Früchte-Müsli: ca. 5 g
- 1 Portion Apfel: ca. 2,5 g
- 1 Portion Vollkornnudeln: ca. 9 g
- 1 Portion Brokkoli: ca. 4,5 g
- 2 Scheiben Vollkornbrot: ca. 8 g
- 1 Portion Paprika: ca. 5 g

= 34 g Ballaststoffe/Tag

WELCHES FETT DARF ES SEIN?

Entscheidend für eine darmgesunde Ernährung ist auch, welche Fette wir aufnehmen. Mit neun Kilokalorien pro Gramm ist der Energiegehalt im Vergleich zu Kohlenhydraten und Eiweiß fast doppelt so hoch. Auf Fette zu verzichten bringt nichts. Denn Nahrungsfett unterstützt die Hormonproduktion, hilft bei der Aufnahme von fettlöslichen Vitaminen, beim Zellaufbau und bei der Immunabwehr. Die tägliche Fettzufuhr sollte allerdings nicht mehr als 30 Prozent der täglichen Kalorienzufuhr ausmachen, das sind etwa 55–60 Gramm pro Tag.

Im Dünndarm wird Fett nicht über die Blutgefäße aufgenommen, da diese verstopfen würden. Es wird über die Lymphgefäße direkt zum Herzen transportiert. Die Entgiftung von schlechten Fetten in der Leber findet erst danach statt. Wer sein Herz nicht schutzlos ausliefern will, sollte daher bei Ölen und Fetten sorgfältig auswählen.

WELCHES FETT WOFÜR?

Pflanzliche Öle weisen unterschiedliche Fettsäuremuster auf. Das heißt, die Zusammensetzung der Fettsäuren variiert. Sorgen Sie daher für Abwechslung auf dem Speiseplan: Verwenden Sie kalt gepresstes Oliven-, Lein- oder Walnussöl für Salate und Raps- oder Sojaöl zum Braten.

Gesund: mehrfach ungesättigte Fettsäuren

Ungesättigte Fettsäuren sind die Stars der Vorbeugung und Gesunderhaltung. Sie schützen Herz und Gefäße und pflegen die guten Bakterien im Darm. Ungesättigte Fettsäuren besitzen einen Molekülaufbau, der sie beweglicher macht. Sie sind deshalb flüssig bzw. weicher. Unterschieden werden sie in einfach und mehrfach ungesättigte Fettsäuren: Einfach ungesättigte Fettsäuren stecken vor allem in pflanzlichen Ölen wie Rapsöl oder Olivenöl, aber auch in Nüssen und Avocados. Mehrfach ungesättigte Fettsäuren kann der Körper selbst nicht herstellen, daher sollten sie täglich auf dem Speiseplan stehen – sie sind lebensnotwendig. Hier unterscheidet man zusätzlich zwischen den Fettsäuren der Omega-3- und der Omega-6-Reihe. Gute Quellen dafür sind vor allem fette Kaltwasserfische wie Hering, Lachs oder Makrele und pflanzliche Öle wie Kürbiskernöl, Rapsöl, Leinöl und Weizenkeimöl. Ein gesundes Verhältnis von Omega-6 zu Omega-3-Fettsäuren sollte 5:1 betragen.

Gesättigte Fettsäuren sind für die Darmgesundheit weniger günstig. Sie kommen vor allem in tierischen Lebensmitteln wie Butter, Sahne, Wurst, Käse und Fleisch vor. Transfettsäuren entstehen aus ungesättigten Fettsäuren durch Fetthärtung, zum Beispiel bei industriellen Verarbeitungsprozessen. Sie begünstigen die Entstehung von Arteriosklerose und damit von Herz-Kreislauf-Erkrankungen. Sie finden Transfette unter anderem in Chips, Nuss-Nugat-Creme, Brat- und Backfetten sowie in frittierten Lebensmitteln wie Pommes. Achten Sie beim Einkauf auch auf die Angabe „gehärtete pflanzliche Fette“ und verzichten Sie besser darauf.

KÖRPERBAUSTEIN EIWEISS

Eiweiß oder Protein ist in jeder Zelle unseres Körpers zu finden und damit der wichtigste Körperbaustein. Außerdem liefert Eiweiß mit vier Kilokalorien pro Gramm auch Energie. Alle Eiweiße bestehen, wie auch die Kohlenhydrate, aus kleineren Einheiten. Es gibt 20 sogenannte Aminosäuren (Eiweißbausteine), die beliebig kombiniert werden können. Acht davon kann der Körper selbst nicht herstellen. Diese lebenswichtigen (essentiellen) Aminosäuren muss man über die Nahrung zuführen. Etwa zehn Prozent der Gesamtenergie sollten in Form von Eiweiß aufgenommen werden. Eiweiß ist in tierischen Lebensmittel wie Fisch, Fleisch, Eiern sowie Milch und Milchprodukten enthalten. Besonders Sauermilchprodukte sind für unsere Darmbakterien Powerfood (siehe Seite 27). Pflanzliches Eiweiß findet sich vor allem in Hülsenfrüchten, Getreide, Nüssen und Samen.

BIOLOGISCHE WERTIGKEIT

Einige Aminosäuren dienen besser, andere weniger gut als Bausteine für Eiweiße. Die biologische Wertigkeit ist ein Maß für die Qualität des Nahrungseiweißes. Durch eine abwechslungsreiche Kombination von tierischem und pflanzlichem Eiweiß kann der Körper alle Aminosäuren aufnehmen, die er braucht. Die Eiweißqualität lässt sich auch mit vegetarischer Ernährung erzielen, wenn sie geschickt kombiniert ist.

Prinzipiell werden tierische Eiweiße besser vom Körper aufgenommen als pflanzliche. Am besten versorgt sind Sie mit einer Kombination aus beiden, wie in Chili con Carne (Fleisch mit Bohnen) oder Vollkornbrot mit Käse (Getreide mit Milchprodukten). Auch rein pflanzliche Kombinationen besitzen eine hohe biologische Wertigkeit, wie Getreide und Hülsenfrüchte (z. B. enthalten in Mais mit Bohnen, Reis mit Kichererbsen oder Brot mit Linsen).

REICHLICH TRINKEN

Müdigkeit, Konzentrationsschwäche, Verstopfung – das sind alles Anzeichen von Flüssigkeitsmangel. Wer erst trinkt, wenn er Durst hat, der hat zu lange gewartet. Denn Durst ist ein Warnzeichen des Körpers für zu wenig Flüssigkeit. Wir brauchen Flüssigkeit bei der Verdauung sowie als Transportmittel für die Nähr- und Botenstoffe im Körper. Besonders für die Ballaststoffe ist eine ausreichende Flüssigkeitszufuhr unerlässlich. Und wir benötigen Flüssigkeit, um die verbrauchten Stoffe wieder auszuscheiden.

Täglich 1,5 Liter Flüssigkeit sind ideal. Besonders geeignet sind Wasser – egal, ob Leitungs- oder Mineralwasser – sowie ungesüßte Kräuter- und Früchtetees. Für einen empfindlichen Magen ist Wasser ohne Kohlensäure am verträglichsten, da die Kohlensäure den Magen reizt. Selbst gemischte Saftschorlen im Verhältnis von einem Viertel Saft zu drei Vierteln Wasser sorgen für Abwechslung und mehr Geschmack, zudem liefern sie nebenbei Vitamine und Mineralstoffe. Limonaden, Colagetränke und Eistee enthalten oft viel unerwünschten Zucker oder den bei Fruktoseunverträglichkeit problematischen Austauschstoff Sorbit, Sie sollten sie deshalb vermeiden.

TIPP

Infused Water – Wasser mit Geschmack

Aromatisieren Sie Leitungs- oder Mineralwasser mit Bio-Zitronen- oder Gurkenscheiben. Fügen Sie Minzestiele und/oder frischen Ingwer hinzu. Frische Früchte wie Beeren oder Melone sorgen für einen fruchtigen Geschmack.

ABWEHRPOWER AUS DER TIEFKÜHLTRUHE

Beerenobst aus Freilandanbau liefert eine große Menge an Antioxidantien. Da die Beeren nur kurz Saison haben und sich nicht lange halten, können Sie die süßen Früchtchen auch einfach einfrieren. So ist garantiert, dass Sie auch außerhalb der Saison genießen und Ihren Körper mit wertvollen Antioxidantien versorgen können.

FRÜHSTÜCK: PERFEKTER START

Ein gesundes Frühstück bildet die Grundlage für einen gesunden Tag und fördert die Darmflora. Egal, ob süß oder herzhaft – die richtige Auswahl der Lebensmittel ist Aktivkost für die Darmbewohner.

Ideal ist ein ballaststoffreiches Frühstück mit reichlich Vollkornprodukten. Der perfekte Darmschmeichler: ein Müsli aus Vollwertflocken mit Obst und Joghurt. Wer morgens eher weniger Zeit hat, kann sich auch einen Beeren-Smoothie mit Haferflocken (siehe Seite 54) mixen. Für eine lang anhaltende Sättigung wählen Sie zu den komplexen Kohlenhydraten auch eine Eiweißkomponente wie Joghurt, Dickmilch oder Quark. Und toppen Sie das Ganze am besten noch mit herzgesunden Nüssen oder Samen. Die Kombination sorgt für bessere Verträglichkeit und Bekömmlichkeit. Denn Fett und Eiweiß verlängern die Verweildauer der Speisen im Magen und entlasten die Verdauung. Ihr Darm dankt es Ihnen. Und wer in der Früh lieber herzhaft frühstückt, der greift zu einem Vollkornbrot mit Gemüseaufstrich, Käse oder Wurst.

Weniger geeignet sind einfache Kohlenhydrate in gesüßten Frühstücks-Cerealien oder Weißbrot. Der Einfachzucker (Glukose) wird schnell ins Blut abgegeben, der Blutzuckerspiegel freut sich über den raschen Anstieg. Ein erster Energiekick, der Wohlbefinden signalisiert. Langfristig gesehen machen sie allerdings nicht satt und sorgen für einen ebenso rasanten Absturz des Blutzuckers. Heißhungerattacken sind vorprogrammiert.

GRÜNDLICHES KAUEN

Wer kennt sie nicht, die Ernährungsregel „Gut gekaut ist halb verdaut". Für unseren Darm ist dieses Sprichwort ein Segen. Denn je länger und gründlicher die Nahrung gekaut wird, desto feiner wird sie zerkleinert. Das regt die Speichelproduktion an und vergrößert die Oberfläche der Nahrung. Die Verdauungsenzyme können leichter und länger einwirken. Diese Vorarbeiten entlasten unseren Darm. Außerdem lässt eine ordentlich gekaute Mahlzeit weniger Überreste für die Putzaktion von Magen und Dünndarm.

ENTSPANNTES ESSEN

Stress ist vermutlich einer der wichtigsten Reize, den das Gehirn und der Darm auf ihrer Autobahn miteinander besprechen. Solche Stressphasen sind äußerst energieaufwendig für das Gehirn und hemmen die Verdauung. Wir belasten damit unseren Darm und holen auch noch weniger Energie aus dem Essen.

Wer sich Zeit für die täglichen Mahlzeiten nimmt und bewusst genießt, der kann die Verdauungsarbeit seiner Mikroben gezielt unterstützen. Also nicht im Vorbeigehen und keine Hektik beim täglichen Essen.

GUTES FÜR DIE DARMFLORA

DAVON BITTE MEHR

Es ist gar nicht schwer, seinen Darmbakterien etwas Gutes zu tun. Die Produkte auf den nächsten Seiten sind empfehlenswert und werden von unseren kleinen Mitbewohnern sehr geschätzt.

PRÄBIOTIKA

Präbiotika sind reinstes Powerfood für unsere Darmbakterien. Denn Präbiotika sind unverdauliche Nahrungsbestandteile, die ausschließlich von den guten Dickdarmbakterien „gegessen" werden können. Diese Ballaststoffe fördern so gezielt das Wachstum unserer guten Mitesser (wie Bifidobakterien und Laktobazillen) und verhindern das Andocken der schlechten. Als Voraussetzung dafür gilt, dass es bereits geeignete Bakterienstämme gibt. Diese werden mit Präbiotika gefüttert und vermehren sich. Das verbessert die Lebensbedingungen für die Darmflora. Die Anzahl der Bakterien steigt und bringt so den Darm auf Trab. Das Fitnessprogramm wiederum sorgt dafür, dass die Nahrung geschmeidig bleibt und schnell durch den Darm kommt. Präbiotika funktionieren wie eine Pflegekur für die Darmflora und sind auch ein wirkungsvolles Mittel bei Durchfällen. Ferner verbessern sie die Aufnahme und Verwertung des Mineralstoffs Kalzium, mit der Folge, dass die Knochen stabiler sind.

Wichtige Vertreter sind Ballaststoffe wie Inulin oder Oligosaccharide, die von Natur aus in pflanzlichen Lebensmitteln wie Artischocken, Spargel, Chicorée, Topinambur, Knoblauch, Zwiebeln, Pastinaken, Schwarzwurzeln, Bananen, Roggen, Hafer und Lauch vorkommen. Auch resistente Stärke (siehe Seite 21) zählt zu den Präbiotika. Täglich sollten mindestens fünf Gramm Präbiotika auf den Tisch unserer Bakterien kommen, damit diese davon profitieren können. Eine Umstellung auf präbiotische Kost, das heißt auf eine ballaststoffreiche Ernährung, sollte aber zur besseren Verträglichkeit langsam erfolgen.

PROBIOTIKA

Probiotika sind lebendige Bakterien, die wir essen und die unserem Darm schmeicheln. Sie sind besonders widerstandsfähig gegen Magensäure, Gallensäure und Verdauungsenzyme und landen daher meist lebend im Darm. Dort unterstützen sie die Aktivität unserer Darmbakterien, das heißt sie pflegen die Darmzotten und halten sie instand. Weniger schlechte Bakterien können andocken und gesunde Darmzotten können die Nahrung besser verwerten. Darüber hinaus beeinflussen sie das Immunsystem positiv, da Probiotika Hand in Hand mit unseren Mikroben ihr Ökosystem wirkungsvoll verteidigen. Zuletzt sind Probiotika die Waffe schlechthin gegen Durchfall und unterstützen den Wiederaufbau der Darmflora nach einer Behandlung mit Antibiotika.

Die bekanntesten Probiotika sind Milchsäurebakterien wie Laktobazillen und Bifidobakterien. Unterschiedliche Kulturen genießen verschiedene Probiotika, wie beispielsweise in Asien die Sojasoße, Miso – eine Paste aus vergorenen Sojabohnen – und Kombucha (fermentierter Tee) sowie die Joghurtgetränke Lassi aus Indien oder Ayran aus der Türkei.

Sauermilchprodukte

Sind Mikroorganismen wie Milchsäurebakterien am Werk, verwandeln sie Milchzucker (Laktose) aus der Milch zu Milchsäure (Laktat). Die Säure lässt das Eiweiß gerinnen und Milch wird dickflüssig oder stichfest. Das Dicklegen ist das Erfolgsrezept für gesäuerte Milchprodukte und die älteste Methode, um Milch haltbar zu machen. Darüber hinaus spart die von den Bakterien vorverdaute Milch in Joghurt & Co. unserem Körper wertvolle Verdauungsarbeit. Je nach zugesetzten Kulturen, Temperatur und Fermentationsdauer entstehen verschiedene Produkte:

Buttermilch: Die säuerliche Milch ist eigentlich ein Nebenprodukt bei der Butterherstellung. Steht auf dem Becher „Reine Buttermilch", dann sind keine weiteren Zusätze erlaubt. Ansonsten ist ein Zusatz von Wasser, Magermilch oder Milchpulver möglich.

Sauermilch bildet sich, wenn spezielle Milchsäurebakterien bei 20–30 °C in der Milch arbeiten. Je nach Konsistenz und Region wird zwischen stichfester Dickmilch und flüssig-sämiger Sauer- oder Schwedenmilch unterschieden. Sauermilch ist milder im Geschmack als Joghurt.

Joghurt entsteht durch wärmeliebende Milchsäurebakterien bei 42–44 °C; Lactobacillus acidophilus oder Lactobacillus bifidus sorgen für einen milden Joghurt. Bulgaricus-Kulturen erzeugen den echten Joghurt und sind saurer. Am besten wählt man Joghurt mit „rechtsdrehender" Milchsäure, denn diese ist für unsere Verdauungsenzyme bekömmlicher.

Kefir wird mithilfe von Kefirpilzen hergestellt. Bei der Milchsäure- und Hefegärung bilden sich Alkohol und Kohlensäure. Letztere bläht den Deckel oft auf. Milder Kefir hat in der Regel keinen Alkohol.

TIPP

Vielfalt macht's

Gönnen Sie Ihren Darmmikroben so oft wie möglich unterschiedliche Sauermilchprodukte, so kommen die Darmbakterien in den Genuss verschiedener Mikroorganismen. Sinnvoll ist es auch, immer wieder die Anbieter von Milch und Milchprodukten zu wechseln, um in den Genuss verschiedener Bakterienstämme zu gelangen.

Molke ist ein Nebenprodukt bei der Herstellung von Käse und sondert sich als trübe Flüssigkeit ab. Süßmolke entsteht, wenn die Milch durch Zugabe von Lab eingedickt wird. Für Sauermolke werden Milchsäurebakterien zum Gerinnen verwendet.

Sauerrahm oder saure Sahne besteht aus gesäuerter Sahne. Sauerrahm ist mit 10 Prozent Fett leichter als Crème fraîche, die auf ähnliche Weise hergestellt wird.

Quark oder Topfen entsteht durch Zugabe von Milchsäurebakterien und Lab zur Milch. Quark zählt allerdings nicht zu den Sauermilchprodukten, sondern ist ein Vertreter der Frischkäse.

H-MILCH UND ESL-MILCH

Haltbare Milch und länger haltbare Milch (ESL-Milch) haben den Vorteil, dass man sie relativ lange aufbewahren kann. Für unsere Darmmikroben sind sie allerdings äußerst ungünstig, da sie kaum noch aktive Mikroorganismen enthalten. Das kann zu unerwünschten Blähungen und einem Machtkampf der Mikroben-Community führen. Und langfristig zu einem Überhandnehmen der schlechten Bakterien.

SAUER EINLEGEN

Fermentieren, milchsauer einlegen oder gären lassen – das ist eine alte Methode zum Haltbarmachen, die wieder topaktuell ist. Das haltbar gemachte Gemüse bringt Abwechslung auf den Teller und versorgt Sie mit nützlichen Bakterien für eine gesunde Darmbalance. Fermentieren klappt ganz einfach und ohne große Hilfsmittel. Eine Anleitung finden Sie im Rezeptteil (siehe Seite 150).

Fermentiertes Gemüse

Auch haltbar gemachtes Gemüse wie beispielsweise Sauerkraut oder Kimchi – fermentierter Chinakohl, die asiatische Variante aus Korea – ist besonders wertvoll für den Darm. Bei der Milchsäuregärung (Fermentierung) konserviert man Gemüse in einer Lake. Während der Gärung werden Zucker und Stärke aus dem Gemüse in nützliche probiotische Bakterien umgewandelt. Um in den Genuss von lebenden Bakterien zu kommen, am besten Frischkost-Sauerkraut aus dem Bioladen oder Reformhaus wählen, da dies im Vergleich zum Supermarkt-Sauerkraut nicht keimfrei wärmebehandelt ist.

Künstlich zugesetzt

Darüber hinaus gibt es Joghurtgetränke aus industrieller Herstellung, denen Milchsäure- und Bifidobakterien (Probiotika) zugesetzt sind. Damit der Körper davon profitieren kann, muss man diese Produkte täglich verzehren und eine Mindestmenge von 100 bis 1000 Millionen Bakterien aufnehmen. Die Aufnahme über fermentiertes Gemüse oder Sauermilchprodukte ist wesentlich effizienter, da die probiotischen Bakterien besonders verdauungsrobust sind und daher meist lebend im Darm ankommen. Zusätzlich enthält fermentiertes Gemüse sekundäre Pflanzenstoffe, die unsere Zellen stärken.

ERSTE-HILFE-MASSNAHMEN

RHYTHMUS HILFT

Regelmäßiger Stuhlgang – von dreimal täglich bis einmal alle drei Tage – setzt auch eine gewisse Regelmäßigkeit im Tagesablauf voraus. Nehmen Sie sich Zeit für Ihre Mahlzeiten und den Toilettengang. Wird der Stuhlgang unterdrückt, kann es zu Verstopfung kommen.

WENN DER BAUCH GEREIZT IST

Ist das empfindliche Gleichgewicht unserer Darmflora gestört, können verschiedene Beschwerden die Folge sein.

Sodbrennen

Typische Symptome von Sodbrennen sind saures Aufstoßen und Schmerzen der Speiseröhre. Verantwortlich dafür ist die Magensäure, die aufsteigt. Da die Speiseröhre keine Schleimhaut besitzt, die sie vor der Salzsäure schützt, kratzt es in der Speiseröhre. Normalerweise verhindert ein spezieller Schließmuskel das Aufsteigen der Magensäure.

Mögliche Ursachen können scharfe Gewürze, Alkohol, Kaffee oder fetthaltiges Essen sein. Wer zu Sodbrennen neigt, sollte ausprobieren, welche Lebensmittel Beschwerden bereiten, und diese meiden. Ein Glas Wasser hilft als Sofortmaßnahme. Bei chronischem Sodbrennen ist es sinnvoll, einen Arzt aufzusuchen.

Verstopfung

Verstopfung kann unterschiedliche Ursachen haben. Meist läuft die Verdauung noch einwandfrei, doch am Ende vom Dickdarm will es einfach nicht raus. Unter Verstopfung leidet jeder gelegentlich. Problematisch wird es, wenn der Stuhl zu fest ist und die Toilettengänge selten beziehungsweise schmerzhaft sind. Abführmittel sind in diesem Fall kontraproduktiv, da sie den Darm zusätzlich belasten.

Sanfte natürliche Abführmittel, die die Darmtätigkeit anregen, bestehen vor allem aus Trockenpflaumen, Sauerkraut oder Sauermilcherzeugnissen wie Joghurt oder Buttermilch. Ein träger Darm kann so mit einfachen Mitteln wieder mobilisiert werden. Verzichten sollte man auf stopfende Lebensmittel wie Schokolade, Schwarztee und Bananen. Hilfreich ist auch ein normaler Lebensrhythmus mit einem geregelten Tages- und Nachtrhythmus, dabei sollten die Mahlzeiten möglichst immer um die gleiche Uhrzeit eingenommen werden, denn auch unser Darm ist ein Gewohnheitstier.

Blähungen

Die ungeliebten Winde sorgen im Kindesaltern noch für Belustigung. Als Erwachsene empfinden wir das Pupskonzert allerdings als äußert unangenehm. Dass wir die Gase, die sich im Dickdarm bilden, aber in gewissem Maße nach außen lassen, ist ganz normal. Bestimmte Lebensmittel fördern die Entstehung von Blähungen, wie beispielsweise Hülsenfrüchte, Kohl, Zwiebeln und andere ballaststoffreiche Nahrungsmittel. Gründliches Kauen kann die Gasentwicklung reduzieren. Außerdem helfen Kräuter und Gewürze wie Kümmel, Kreuzkümmel, Fenchel, Dill oder Koriander im Essen. Die pflanzlichen Wirkstoffe zerteilen die Gasblasen im Darm und vermindern so Blähungen.

Darüber hinaus lassen sich unangenehme Gase reduzieren, indem Sie blähende Lebensmittel mit Fett und Eiweiß kombinieren. Diese können die entstehenden Gase aufnehmen. Verfeinern Sie daher zum Beispiel einen Hülsenfrüchteeintopf mit einem großen Klecks Sauerrahm oder servieren Sie Kohlgemüse mit einer Sahnesauce.

Durchfall

Bekanntschaft mit dem dünnflüssigen Stuhl machen viele Menschen auf ihren Reisen in ferne Länder. Eine Infektion mit Viren oder schädlichen Bakterien zwingt uns dann öfters als sonst üblich auf die Toilette. Auch bei Stress und Angst reagieren viele mit Durchfall.

Durchfall ist eine Schutzreaktion des Körpers. Zunächst ist darauf zu achten, den Flüssigkeitshaushalt wieder auszugleichen und viel zu trinken. Am besten Mineralwasser, aber auch Getränke wie Schwarz- oder Kamillentee sind empfehlenswert. Daneben helfen Haferschleim, geriebener Apfel oder Möhrensuppe. Sie sind reich an dem Ballaststoff Pektin, der dazu beiträgt, Krankheitserreger rascher auszuscheiden. Dauert der Durchfall länger an, so muss ein Arzt aufgesucht werden.

Reizdarmsyndrom

Verstopfung, Durchfall, Blähungen und/oder Bauchkrämpfe – beim Reizdarmsyndrom treten die Symptome abwechselnd, manchmal sogar gleichzeitig auf. Auslöser für das Reizdarmsyndrom können Stress, schwer verdauliche Nahrungsmittel oder unerkannte Nahrungsmittelunverträglichkeiten sein. Selbst wenn die Ursachen des Reizdarmsyndroms noch nicht vollständig geklärt sind, so scheint doch eine veränderte Darmflora eine Schlüsselrolle bei der Entstehung zu spielen. Probiotika können zu einer stabilen gesunden Darmflora beitragen.

HILFREICHE SELBSTBEOBACHTUNG

Häufiger Durchfall kann auch mit einer Allergie oder Nahrungsmittelunverträglichkeit wie Laktose- oder Fruktose-Intoleranz zusammenhängen. Beobachten Sie, wann der Durchfall auftritt, und schreiben Sie ein Ernährungstagebuch, um sich Klarheit zu verschaffen.

REVOLTE IM DARM

ALLERGIEN, UNVERTRÄGLICHKEITEN UND INTOLERANZEN

Immer öfter ist die Rede davon, dass Nahrungsmittelunverträglichkeiten auf dem Vormarsch sind. Fakt ist, dass Unverträglichkeiten heute öfter diagnostiziert werden, da diese inzwischen auch bekannter sind. Inwieweit die heutige moderne Ernährung mit reichlich süßen Getränken und Fertiggerichten einen Einfluss hat, ist noch nicht abschließend geklärt.

Im Zweifel lassen sich die individuellen Beschwerden bei einem fachkundigen Arzt abklären, bevor man sich selbst einer Diät unterzieht und unnötig Geld für „...freie“-Produkte ausgibt.

WAS DEN DARM IRRITIERT

Nicht immer müssen Fruktose, Laktose oder Gluten die Auslöser für einen sensiblen Darm sein. Auch Stress, Alltagshektik, Medikamente oder Fehlernährung können unseren Darm aus der Balance bringen.

Fruktose

Eine der häufigsten Nahrungsmittel-Intoleranzen, die Probleme bereitet, ist die Fruktose-Unverträglichkeit. Schätzungsweise ein Drittel aller Erwachsenen kann Fruchtzucker (Fruktose) nicht richtig verwerten. Aufgrund einer Störung in der Dünndarmschleimhaut gelangt Fruktose unverdaut in den Dickdarm. Typische Beschwerden wie Bauchschmerzen, Blähungen und Durchfälle treten in der Folge auf.

Je nach Empfindlichkeit reagieren Betroffene schon bei kleinsten Mengen, der Großteil der Menschen hat aber eher Probleme mit zu viel Fruktose. Unbegrenzt viel Fruktose, die unter anderem in Obst und Honig sowie einigen Gemüsesorten vorkommt, kann übrigens niemand verdauen. Ein Atemtest beim Arzt nach dem Verzehr von Fruchtzucker bringt Gewissheit. Von einer Unverträglichkeit spricht man, wenn weniger als 25 Gramm auf einmal verzehrt für Probleme sorgen.

In der Regel werden gewisse Mengen Fruchtzucker gut vertragen. Obst in kleine Portionen über den Tag aufgeteilt bereitet meist keine Probleme. Auch die Kombination von Obst wie Beeren, Pflaumen oder Pfirsichen mit Eiweiß wie Joghurt oder Quark sowie Obst als Nachspeise einer reichhaltigen Mahlzeit sorgt bei einigen für weniger Verdauungsbeschwerden. Fruktosearm sind Avocado, Mandarine, Papaya, Melone oder Aprikose.

Aber wenn sich die vermeintlich gesunde Süße „Fruchtzucker“ in anderen Lebensmitteln versteckt, wie Fruchtjoghurt, Lightprodukte und Süßigkeiten, ist die Dosis schnell erreicht. Fruchtzucker ist im Vergleich zum Haushaltszucker nicht gesünder und enthält auch nicht weniger Kalorien. Er verbirgt sich auf der Zutatenliste oft hinter Begriffen wie Maissirup, Glukose-

Fruktose-Sirup, Fruchtsüße und Fruchtextrakte. Vorsicht geboten ist auch bei Zuckeraustauschstoffen wie Sorbit, Mannit, Xylit, die teilweise in Bonbons oder kalorienreduzierten Getränken verwendet werden.

Laktose

Wenn die Milch im Müsli Probleme macht und der morgendliche Milchkaffee mit Bauchschmerzen und Durchfall quittiert wird, dann besteht meist eine Laktose-Intoleranz. Die Ursache ist ein Enzymmangel. Das Enyzm Laktase sorgt im Dünndarm dafür, dass der Zweifachzucker Laktose (Milchzucker) in die Einfachzucker Galaktose und Glukose gespalten wird. Bei Laktasemangel gelangt Laktose unverdaut in den Dickdarm und ernährt dort gasproduzierende Bakterien – Blähungen und Bauchschmerzen sind die Folge.

In afrikanischen und asiatischen Ländern ist Laktose-Intoleranz bei Erwachsenen die Regel. Über 90 Prozent können dort den Milchzucker nicht verdauen. Aufgrund eines Gendefekts ist die Laktasebildung bei diesen Menschen stark eingeschränkt. In den westlichen Ländern entsteht Laktose-Intoleranz in den meisten Fällen erst im Erwachsenenalter, da die Aktivität des Enzyms Laktase mit dem Alter abnimmt. Ein Test beim Allergologen oder Gastroenterologen schafft Klarheit. Ein Laktasemangel entwickelt sich bei 75 Prozent aller Menschen im Erwachsenenalter.

Je nachdem wie ausgeprägt der Laktasemangel ist, werden aber kleinere Mengen gut vertragen. Am besten ist es, die eigenen Grenzen auszutesten und zu prüfen, ab welcher Menge die Milch Probleme bereitet. Gut vertragen werden im Allgemeinen Sauermilchprodukte wie Kefir oder Joghurt sowie Hartkäse wie Parmesan, Edamer oder Gouda. Inzwischen gibt es auch im Supermarkt zahlreiche Produkte, die „laktosefrei" sind.

Gluten

Im Gegensatz zu Laktose- und Fruktoseunverträglichkeit, bei denen kleine Mengen meist gut vertragen werden, reagiert der Körper bei Zöliakie auf alle glutenhaltigen Lebensmittel wie Brot, Nudeln, Müsli & Co. empfindlich. Heftige Bauchschmerzen, Blähungen und Durchfall, aber auch Müdigkeit und Konzentrationsbeschwerden treten auf. Bei Zöliakie handelt es sich um eine Fehlreaktion des Immunsystems. Das Eiweiß Gluten (Klebereiweiß) kann nicht richtig verdaut werden. Die Darmschleimhaut entzündet sich und Darmzotten werden zerstört. Die Folge: Nährstoffe können nicht mehr aufgenommen werden. Eine konsequent glutenfreie Ernährung ist dann die einzige Möglichkeit, Zöliakie zu behandeln. Inzwischen gibt es zahlreiche Produkte im Supermarkt, die entsprechend „glutenfrei" gezeichnet sind. Getreidesorten wie Mais, Reis und Hirse oder Pseudogetreide wie Amarant, Buchweizen oder Quinoa enthalten von Natur aus kein Klebereiweiß. Zuverlässig kann nur ein Arzt die Krankheit feststellen. Bis vor einigen Jahren war dazu stets ein Test nötig, bei dem Gewebe aus dem Darm entnommen wurde. Heute lässt sich Zöliakie meist schon an typischen Antikörpern im Blut erkennen.

ERNÄHRUNG LANGFRISTIG UMSTELLEN

Bei Fruktose- und Laktose-Intoleranz sowie Glutensensitivität ist nicht eine dauerhafte Diät das Ziel. Vielmehr geht es darum, über einen bestimmten Zeitraum die problematischen Nährstoffe zu meiden. Und anschließend die eigene Toleranzgrenze auszutesten, was und wie viel Ihr Körper verträgt. Das trägt zu mehr Ruhe im Bauch bei. Lediglich bei Zöliakie ist ein dauerhafter Verzicht notwendig.

In den letzten Jahren ist auch immer öfter von Glutensensitivität die Rede. Typische Symptome wie Durchfall oder Blähungen lassen nach, wenn auf Gluten verzichtet wird. Der Arzt kann aber keine Zöliakie feststellen. Die Vermeidung von Gluten für eine Zeitlang kann bei einigen Menschen mit Bauchschmerzen helfen, wieder Ruhe in den Darm zu bekommen. Reduzieren Sie dabei stark zucker- und stärkehaltige Lebensmittel wie Kuchen, Kekse und Weißmehlprodukte. Setzen Sie lieber auf gesunde Ballaststoffe aus Vollkornprodukten. Oftmals hängen Bauchbeschwerden auch mit einem ungewohnten Zuviel an Ballaststoffen zusammen. Hier hilft gründliches Kauen und eine langsame Steigerung der Vollkornprodukte.

Wichtig ist, dass Sie sich nicht von unsinnigen Empfehlungen zum Glutenfrei- und Low-Carb-Hype verwirren lassen. Setzen Sie lieber auf professionelle Beratung von einem Ernährungstherapeuten oder Arzt.

FODMAP

Das Konzept zu FODMAPs wurde bereits vor mehreren Jahren von einer Gruppe von Ärzten und Ernährungswissenschaftlern in Australien entwickelt und ist in Deutschland noch relativ unbekannt.

Das Wort „FODMAP" kommt aus dem Englischen und ist eine Abkürzung für Fermentierbare Oligosaccharide, Dissacharide und Monosaccharide sowie Polyole (engl. Fermentable Olio-, Di-, Monosaccharides And Polyols). Das beschreibt eine Gruppe von kurzkettigen Kohlenhydraten und sogenannten Zuckeralkoholen, die fermentierbar (vergärbar) sind und in verschiedenen Obst- und Gemüsesorten stecken. FODMAPs sind weder giftig noch gefährlich, können aber laut Aussage der australischen Gruppe zu Verdauungsbeschwerden wie Blähungen und Durchfall führen. Bei der FODMAP-Diät wird auf entsprechende darmreizende Lebensmittel verzichtet, allerdings gilt es hier, die eigene Toleranzschwelle auszutesten.

Nicht jedes Lebensmittel der FODMAP-Gruppe löst bei jedem Menschen darmreizende Beschwerden aus. In einer ersten Phase werden FODMAP-reiche Lebensmittel vom Speiseplan gestrichen. Anschließend integriert man die gemiedenen Lebensmittel einzeln oder in Kategorien wieder langsam und beobachtet, wie der Körper reagiert. Wer sich näher für eine FODMAP-arme Diät interessiert, sollte sich bei einem Ernährungstherapeuten beraten lassen.

WOFÜR STEHT FODMAP

- F fermentierbare (vergärbare)
- O Oligosaccharide (Mehrfachzucker)
- D Disaccharide (Zweifachzucker)
- M Monosaccharide (Einfachzucker)
- A und (engl. and)
- P Polyole (Zuckeralkohole)

1TBSP
15ml
STAINLESS STEEL

1 WOCHE SCHONKOST

REGELMÄSSIG ESSEN

Die Grundlage für einen Darm in Balance sind drei feste Mahlzeiten am Tag. Nehmen Sie sich Zeit und wählen Sie Ihre Lebensmittel abwechslungsreich aus. Bewusstes und genussvolles Essen sorgt automatisch dafür, dass Sie bestens versorgt sind, lange satt bleiben und langfristig Ihr Gewicht halten.

PAUSE FÜR DEN DARM

Ist der Darm gesund und unsere Mikroben-Community gut ernährt, dann geht es dem Körper auch gut. Die Tabelle gibt einen Überblick, wie Sie eine darmgesunde Aktivwoche gestalten können, um Ihren Darm in Schwung zu bringen – für mehr Energie und zur Stärkung der Abwehrkräfte.

Generell gilt: Die Mahlzeiten sollten gut sättigen und ausgewogen zusammengestellt sein. So wird der Körper über den Tag verteilt ausreichend mit Vitalstoffen versorgt. Dabei empfiehlt es sich, die Verdauung nicht mit großen Portionen zu überlasten und Heißhungerattacken zu vermeiden.

Frühstück

Empfindliche Bäuche sollten morgens auf einen Kaffee oder schwarzen Tee verzichten. Lieber zu einem Kräuter- oder Ingwertee greifen, das beruhigt den Bauch. Zum Frühstücken empfiehlt sich ein darmfreundliches Flockenmüsli mit Joghurt und Früchten. Wem morgens die Zeit fehlt, der kann sich bereits am Vorabend einen Porridge zubereiten. Am nächsten Tag aus dem Kühlschrank nehmen und loslöffeln. Wer lieber Brot frühstückt, greift zu einem Vollkornbrot mit fein gemahlenen Körnern. Dünn mit ungesüßtem Mandelmus bestreichen oder mit Frischkäse und magerer Putenwurst oder Schinken belegen.

Mittagessen

Für einen Mittagslunch am Arbeitsplatz sollten Sie auf Fertiggerichte und üppige Kantinenkost am besten verzichten. Diese liegt viel zu schwer im Magen. Stattdessen einfach am Vorabend selbst ein leichtes Mittagessen vorkochen und im Büro aufwärmen. Gut verträglich sind milde Gemüsesorten wie Möhren, Kartoffeln, Pastinaken oder mageres Fleisch wie Hühnchen. Eine wärmende Suppe mit einem fein gemahlenen Vollkornbrot schmeichelt dem Darm.

Abendessen

Abends bekommt der Darm leichte Vollkost. Die ballaststoffreichen Rezepte mit darmfreundlichem Gemüse sind Aktivkost für das Superorgan.

Je nach Vorliebe und Zeit können die Rezepte für das Mittag- und Abendessen auch getauscht werden.

Snacks & Süßes

Gerade in Stressphasen und im anstrengenden Alltag wird man schnell zum Snacken verführt. Der Griff zu bequemen Fertiggerichten wie Schokoriegel & Co. ist nur allzu leicht. Diese versorgen den Körper nur mit leeren Kalorien. Greifen Sie lieber zu selbst gemachten Riegeln, frischem Obst, Gemüsesticks mit Dip und vollwertigen Nachspeisen. Ab Seite 133 finden Sie dafür leckere Anregungen.

Und zu guter Letzt: Vergessen Sie nicht, ausreichend zu trinken.

Tag	Frühstück	Mittag	Abend
1	Flockenmüsli mit Banane und Heidelbeeren Seite 53	Möhrensuppe mit Kürbiskernen Seite 67	Spargelgemüse auf cremiger Polenta Seite 106
2	Buttermilch mit Möhre und Leinsamen Seite 45	Hühnersuppe mit Ingwer und Nudeln Seite 87	Süßkartoffeln mit Mangoldgemüse und Sauerrahmdip Seite 98
3	Hirsecreme mit Granatapfel und Orange Seite 57	Buchweizensalat mit Topinambur und Ziegenfrischkäse Seite 90	Asia-Nudelpfanne mit Topinambur und Räuchertofu Seite 131
4	Beeren-Smoothie mit Haferflocken Seite 54	Kartoffelsuppe mit Haferflocken Seite 82	Curry-Puten-Spieße mit Gewürz-Tabouleh Seite 118
5	Vollkornbrot mit Möhren-Ingwer-Aufstrich Seite 51	Linsen Dal mit Kürbis und Erbsen Seite 68	Kartoffelstrudel mit Sauerkraut Seite 109
6	Fencheldrink mit Ananas Seite 44	Kopfsalat-Wraps mit Gemüsehirse Seite 79	Bunter Linsensalat mit Radicchio und Orange Seite 120
7	Körner-Porridge mit Himbeeren, Birnen und Mandeln Seite 63	Pastinakensuppe mit Rucola-Pesto Seite 93	Marinierter Lachs mit Fenchel-Möhren-Gemüse und Blumenkohlreis Seite 115

REZEPTE

FRÜHSTÜCK & DRINKS

GRANOLA-CRUNCH

MIT QUARK UND ERDBEEREN

ZUTATEN

Für das Granola
400 g Haferflocken
100 g Mandeln
100 g Haselnusskerne
50 g Sonnenblumenkerne
50 g helle Sesamsamen
50 g Kürbiskerne
25 g gepuffter Amarant
½ TL Zimt
½ TL Salz
100 ml Rapsöl
150 g Honig

Zum Servieren
500 g Magerquark
250 g Naturjoghurt
250 g Erdbeeren (wahlweise saisonale Früchte wie Aprikosen, Pfirsich, Pflaumen, Birnen etc.)

4 Personen
35 Minuten

ZUBEREITUNG

Für das Granola den Backofen auf 160 °C (Umluft) vorheizen. Ein Backblech mit Backpapier auslegen.

Alle Zutaten in einer Schüssel mischen, gut vermengen und auf dem Backpapier verteilen. Das Granola im Ofen auf der mittleren Schiene 20 Minuten backen.

Mit einer Gabel das Knuspermüsli auflockern und weitere 20 Minuten backen. Aus dem Backofen nehmen und komplett abkühlen lassen. Das Granola in Gläser oder Dosen füllen und aufbewahren.

Zum Servieren den Quark und den Joghurt mischen. Die Erdbeeren waschen, putzen und vierteln. Den Quark portionsweise auf vier Schüssel aufteilen. Mit den Erdbeeren belegen und mit je 4 EL Granola servieren.

TIPP

Das Granola mit getrockneten Früchten verfeinern. Dazu nach dem Backen 100 g Rosinen, Cranberries, Apfelringe, klein geschnittene Datteln oder Aprikosen untermischen.

FENCHELDRINK

MIT ANANAS

ZUTATEN

2 Knollen Fenchel
1 Ananas
1 Zitrone
2 Stiele Minze
500 ml Orangensaft

4 Personen (ca. 1,2 l)
10 Minuten

ZUBEREITUNG

Den Fenchel putzen, waschen und klein würfeln, das Fenchelgrün fein hacken. Die Ananas schälen, halbieren und den Strunk entfernen. Das Fruchtfleisch klein würfeln. Die Zitrone auspressen. Die Minze waschen, trocken schütteln und die Blättchen abzupfen. Ein paar Minzeblättchen zum Garnieren beiseitelegen.

Den Fenchel, die Hälfte des Fenchelgrüns, die Ananas und die Minze mit Orangen- und Zitronensaft in einem Mixer oder mit dem Stabmixer pürieren.

Den Ananas-Fenchel-Drink mit dem restlichen Fenchelgrün bestreuen und mit Minzeblättchen servieren.

TIPP

Fenchel reguliert mit seinem hohen Ballaststoffgehalt den Blutzuckerspiegel und sättigt so lang anhaltend. Die gesundheitsfördernden ätherischen Öle regen die Verdauung an.

BUTTERMILCH
MIT MÖHRE UND LEINSAMEN

ZUTATEN

2 mittelgroße Möhren
1 Mango
500 ml Buttermilch
2 EL Leinsamen

4 Personen (ca. 800 ml)
10 Minuten

ZUBEREITUNG

Die Möhren putzen, schälen und grob zerkleinern. Die Mango schälen, das Fruchtfleisch vom Kern schneiden und grob zerkleinern. Alle Zutaten in einem Mixer pürieren.

Die Möhren-Mango-Buttermilch in Gläser füllen und servieren.

TIPP

Leinsamen bringen die Verdauung auf Trab. Denken Sie daran, zusätzlich viel Wasser zu trinken, da die Leinsamen stark quellen.

Sekundäre Pflanzenstoffe schützen den Körper vor freien Radikalen und senken das Risiko für Herz-Kreislauf-Erkrankungen und für bestimmte Krebsarten. Wichtige Vertreter sind zum Beispiel die Karotinoide, wie Betakarotin in Möhren, Lutein in Spinat oder Lykopin in Tomaten. Aber auch Glucosinolate in allen Kohlsorten sowie Flyonoide, die die rote, blaue und violette Färbung von Obst und Gemüse bewirken.

SANDDORNKEFIR

MIT APFEL

ZUTATEN

2 Äpfel

1 Handvoll Basilikumblätter

500 ml Kefir

200 ml Sanddorn-Muttersaft (aus Bioladen oder Reformhaus)

2 EL Weizenkleie

4 Personen (ca. 1 l)

10 Minuten

ZUBEREITUNG

Die Äpfel waschen, putzen und grob zerkleinern. Dabei das Kerngehäuse entfernen. Das Basilikum waschen und trocken schütteln und ein paar schöne Blätter zum Garnieren beiseitelegen.

Alle Zutaten in einen Mixer geben und pürieren. Den Kefir in Gläser füllen. Mit Basilikum garnieren und servieren.

INFO

Muttersaft oder Direktsaft wird aus der ersten Pressung einer Frucht gewonnen und enthält ein Maximum an wertvollen fruchteigenen Inhaltsstoffen. Probieren Sie statt Sanddornsaft auch einmal Holunder- oder Acerolasaft.

DINKELBROT

MIT BANANE UND BUTTERMILCH

ZUTATEN

150 g Rohrohrzucker

2 Eier (L)

120 g weiche Butter

130 g Dinkelmehl (Type 630)

100 g Dinkelvollkornmehl

1 TL Backpulver

Salz

1 TL Zimt

3 reife Bananen

125 ml Buttermilch

70 g Pekannusskerne (wahlweise Walnusskerne)

2 EL Ahornsirup

Außerdem
1 Kastenform (25 cm lang)

Butter zum Ausfetten

12 Stücke
70 Minuten

ZUBEREITUNG

Den Backofen auf 180 °C (Umluft) vorheizen. Die Kastenform ausfetten.

In einer Schüssel Zucker und Eier schaumig schlagen. Die Butter zugeben und verrühren. In einer weiteren Schüssel Mehl, Backpulver, 1 Prise Salz und Zimt vermischen. Die Bananen schälen. Eine Banane längs halbieren, dabei die Bananenhälften zum Garnieren beiseitelegen. Die restlichen Bananen grob zerkleinern.

Die Mehlmischung abwechselnd mit den Bananen unter die Eiermasse rühren. Die Buttermilch zufügen und alles gut verrühren. Die Pekannusskerne grob hacken und unter den Teig heben (alternativ die ganzen Hälften auflegen).

Den Teig in die Backform füllen und mit den Bananenhälften (Innenseite nach oben) belegen. Den Ahornsirup darüberträufeln und das Brot im Ofen auf der mittleren Schiene 50–55 Minuten backen. Nach einer Stäbchenprobe herausholen, etwa 10 Minuten in der Form ruhen lassen. Dann vorsichtig aus der Form lösen und vollständig abkühlen lassen.

VOLLKORNBROT

MIT MÖHREN-INGWER-AUFSTRICH

ZUTATEN

Für den Aufstrich

300 g junge Möhren mit Grün

2 cm Ingwer

250 g Magerquark

250 g Naturjoghurt

Schale 1 unbehandelten Zitrone

Salz

Pfeffer

Zum Servieren

½ Salatgurke

8 Scheiben Vollkorn-Roggenbrot

4 Personen (je 2 Brote)
20 Minuten

ZUBEREITUNG

Für den Aufstrich die Möhren putzen, schälen und fein reiben. Das Möhrengrün waschen, trocken schütteln und fein hacken. Den Ingwer schälen und fein hacken.

In einer Schüssel Möhren, Ingwer, Quark und Joghurt vermischen. Den Aufstrich mit abgeriebener Zitronenschale, Salz und Pfeffer abschmecken.

Zum Servieren die Gurke putzen, waschen und in dünne Scheiben schneiden.

Die Vollkornbrote mit dem Möhrenaufstrich bestreichen. Mit Gurkenscheiben belegen und mit Möhrengrün bestreuen.

TIPP

Das Möhrengrün ist sehr nahrhaft. Wer keine jungen Möhren mit Grün bekommt, kann stattdessen alternativ auch 4 Stiele Dill verwenden.

FLOCKENMÜSLI

MIT BANANE UND HEIDELBEEREN

ZUTATEN

200 g Dinkelflocken
2 EL geschroteter Leinsamen
½ TL Zimt
500 ml Milch (wahlweise Pflanzenmilch)
2 Bananen
100 g Heidelbeeren
3–4 EL Ahornsirup
4 EL gepuffter Amarant

4 Personen
10 Minuten

ZUBEREITUNG

Die Dinkelflocken, Leinsamen und Zimt in eine Schüssel geben. Die Milch dazugießen, umrühren und kurz quellen lassen.

Inzwischen die Bananen schälen und in Scheiben schneiden. Die Heidelbeeren waschen und trocken tupfen.

Das Flockenmüsli mit Ahornsirup süßen und portionsweise auf vier Schüsseln verteilen. Mit der Banane und den Beeren belegen. Mit Amarant bestreut servieren.

TIPP

Das Flockenmüsli kann bereits am Vorabend vorbereitet werden, dazu die Flockenmischung abgedeckt kühl lagern.

INFO

Geschroteter Leinsamen ist besser für den Körper verfügbar. Sie können auch ganze Leinsamen verwenden und diese im Mörser selbst grob zerstoßen.

BEEREN-SMOOTHIE

MIT HAFERFLOCKEN

ZUTATEN

500 g gemischte TK-Beeren
500 g Naturjoghurt
4 EL zarte Haferflocken
2 EL Weizenkleie
3–4 EL Agavendicksaft, nach Belieben

Außerdem
Beeren zum Servieren

4 Personen (ca. 1 l)
10 Minuten

ZUBEREITUNG

Die tiefgekühlten Beeren etwas antauen lassen. Die Beeren, Joghurt, Haferflocken und Weizenkleie in einem Mixer oder mit dem Stabmixer pürieren. Mit Agavendicksaft abschmecken.

Den Beeren-Haferflocken-Smoothie in vier Gläser füllen und servieren.

TIPP

Weizenkleie wird aus den Randschichten des Weizenkorns gewonnen. Ihre Ballaststoffe quellen im Darm sehr stark, deshalb für reichlich Flüssigkeitszufuhr sorgen.

KRÄUTER-LASSI

MIT INGWER

ZUTATEN

100 g gemischte Kräuter (wie Basilikum, Minze, Petersilie, Koriander)

1 Bio-Limette

2 cm Ingwer

500 g Naturjoghurt

500 g Dickmilch

Salz

4 Personen (ca. 1,2 l)

10 Minuten

ZUBEREITUNG

Die Kräuter waschen, trocken schütteln und die Blätter abzupfen. Ein paar Blätter zum Garnieren beiseitelegen. Die restlichen Kräuter klein hacken. Die Limette heiß waschen und die Schale abreiben. Die Limette halbieren und auspressen. Den Ingwer schälen und fein hacken.

In einem Mixer oder mit dem Stabmixer Joghurt, Dickmilch, Kräuter und Ingwer mixen. Mit Limettensaft, -schale und 1 Prise Salz abschmecken. Nochmals mixen.

Den Kräuter-Lassi in Gläser füllen und mit einem Kräuterblatt garniert servieren.

INFO

Dickmilch wird oft auch Sauer- oder Schwedenmilch genannt. Sie finden Dickmilch im Bioladen oder im Reformhaus.

HIRSECREME

MIT GRANATAPFEL UND ORANGE

ZUTATEN

150 g Hirse

½ Vanilleschote

6 getrocknete Datteln (wahlweise Medjool-Datteln)

1 Granatapfel

1 Orange

500 g Dickmilch

50 g Kürbiskerne

4 Personen
25 Minuten

ZUBEREITUNG

Die Hirse in einem Sieb unter fließend heißem Wasser waschen und abtropfen lassen. Die Vanilleschote mit einem scharfen Messer aufschlitzen und das Mark herauskratzen.

Hirse, Vanillemark und -schote mit 300 ml Wasser in einen Topf geben und aufkochen. Bei niedriger Hitze 7–10 Minuten köcheln lassen, dabei gelegentlich umrühren. Vom Herd nehmen und 5 Minuten ausquellen lassen. Die Vanilleschote wieder entfernen.

Die Datteln halbieren, ggf. den Kern entfernen und in feine Streifen schneiden. Den Granatapfel halbieren und die Kerne herauslösen. Die Orange schälen und filetieren.

Die Hirse mit der Dickmilch vermischen und auf vier Schüsseln verteilen. Datteln, Granatapfelkerne und Orangenfilets darauflegen und alles mit Kürbiskernen bestreut servieren.

INFO

Getrocknete Datteln sorgen hier für natürliche Süße. Hirse ist glutenfrei und eine nahrhafte Alternative zu üblichen Cerealien für Menschen mit Zöliakie.

SCHINKEN-WRAPS

MIT ZUCCHINI

ZUTATEN

Für die Creme
200 g Frischkäse
100 g Sauerrahm
Salz
Pfeffer
2 EL Zitronensaft

Für die Füllung
2 mittelgroße Zucchini
2 EL Olivenöl
Salz
Pfeffer
100 g Rucola
4 Tortilla-Wraps (Weizenfladen, ø ca. 25 cm)
8 Scheiben Kochschinken

4 Personen
20 Minuten

ZUBEREITUNG

Für die Creme den Frischkäse und den Sauerrahm verrühren. Mit Salz, Pfeffer und Zitronensaft abschmecken.

Für die Füllung die Zucchini putzen, waschen und längs in je 8 dünne Scheiben schneiden. In einer Pfanne das Öl erhitzen und die Zucchinischeiben darin von beiden Seiten 2–3 Minuten anbraten. Salzen und pfeffern. Den Rucola waschen, verlesen und trocken schütteln. In mundgerechte Stücke zupfen.

Die Wraps nach Packungsanleitung kurz erwärmen und mit der Frischkäsecreme bestreichen. Je 2 Schinken- und 4 Zucchinischeiben darauflegen. Den Rucola darüber verteilen. Die Wraps aufrollen, mittig schräg halbieren und servieren.

VOLLKORN-TOAST

MIT MANGO UND APFEL

ZUTATEN

8 Scheiben Vollkorn-Toast
4 EL Sonnenblumenkerne
1 große Mango
2 Äpfel
4 EL Mandelmus

4 Personen (je 2 Toasts)
15 Minuten

ZUBEREITUNG

Die Toastscheiben toasten. Die Sonnenblumenkerne in einer Pfanne ohne Fett rösten.

Die Mango schälen und das Fruchtfleisch vom Kern schneiden. Die Mango in Scheiben schneiden. Die Äpfel waschen und mit einem Apfelausstecher das Kerngehäuse entfernen. Dann den Apfel quer in Scheiben schneiden.

Die Toastscheiben mit Mandelmus bestreichen. Jeweils einige Apfelscheiben darauflegen und die Mangoscheiben darüber verteilen. Mit den Sonnenblumenkernen bestreut servieren.

TIPP

Versuchen Sie auch einmal Cashew- oder Erdnussmus und variieren Sie das Obst nach Belieben.

FEIN STAHL
SOLINGEN

KÖRNER-PORRIDGE

MIT HIMBEEREN, BIRNEN UND MANDELN

ZUTATEN

50 g Hirse

50 g Buchweizen

50 g geschroteter Hafer

Salz

2 Birnen

50 g Mandeln

100 g Himbeeren (frisch oder TK)

120 g Naturjoghurt

1 TL Zimt

4 EL Agavendicksaft

4 Personen

25 Minuten

ZUBEREITUNG

In einem Topf Hirse, Buchweizen und Haferschrot unter Rühren 3–4 Minuten rösten. 1 Prise Salz zugeben und alles mit 600 ml Wasser aufgießen. Zugedeckt bei niedriger Hitze 15 Minuten köcheln lassen, dabei gelegentlich umrühren.

Inzwischen Birnen waschen, halbieren und das Kerngehäuse entfernen. Die Hälften in dünne Scheiben schneiden. Die Mandeln grob hacken. Die Himbeeren verlesen, vorsichtig waschen und trocken tupfen (TK-Beeren auftauen lassen).

Den Porridge mit Joghurt und Zimt vermischen und mit Agavendicksaft süßen. Auf vier Schalen verteilen und mit Birnenspalten, Himbeeren und Mandeln belegen.

TIPP

Schroten Sie ganze Haferkörner selbst in einem Standmixer oder einer Kaffeemühle.

INFO

Den Porridge können Sie bereits am Vorabend kochen. Kühl lagern und am nächsten Morgen mit Joghurt, Früchten und Mandeln anrichten.

MITTAG-ESSEN

MÖHRENSUPPE

MIT KÜRBISKERNEN

ZUTATEN

1 Zwiebel
2 cm Ingwer
800 g Möhren
2 EL Olivenöl
1 TL gemahlener Kreuzkümmel
1 TL gemahlener Koriander
1 l Gemüsebrühe
4 EL Kürbiskerne
Schale 1 unbehandelten Zitrone
Salz
Pfeffer

4 Personen
25 Minuten

ZUBEREITUNG

Die Zwiebel und den Ingwer schälen und fein hacken. Die Möhren schälen und grob würfeln.

In einem großen Topf das Öl erhitzen und die Zwiebeln darin glasig andünsten. Den Ingwer zugeben und mit Kreuzkümmel und Koriander würzen. Die Möhren zufügen und kurz anbraten. Mit der Gemüsebrühe aufgießen, die Suppe aufkochen und bei mittlerer Hitze 12–14 Minuten köcheln lassen.

Inzwischen die Kürbiskerne in einer Pfanne ohne Fett rösten. Herausnehmen und abkühlen lassen.

Die Suppe mit dem Stabmixer fein pürieren, dabei gegebenenfalls noch etwas Brühe zugießen. Mit abgeriebener Zitronenschale, Salz und Pfeffer abschmecken.

Die Suppe auf Teller verteilen und mit den Kürbiskernen bestreut servieren.

INFO

Möhren enthalten reichlich Pektin, ein löslicher Ballaststoff, der ein wertvolles Futtermittel für unsere Darmbakterien ist.

LINSEN-DAL

MIT KÜRBIS UND ERBSEN

ZUTATEN

1 TL Koriandersamen
1 TL Kreuzkümmelsamen
½ TL Fenchelsamen
1 Zwiebel
1 Knoblauchzehe
2 cm Ingwer
600 g Hokkaido-Kürbis
2 EL Rapsöl
1 TL Senfsamen
1 TL gemahlene Kurkuma
300 g Berglinsen
1 l Gemüsebrühe
800 ml Kokosmilch
500 g TK-Erbsen
½ Bund Koriandergrün
Salz
Pfeffer

Außerdem
Fladenbrot zum Servieren

4 Personen
40 Minuten

ZUBEREITUNG

Die Koriander-, Kreuzkümmel- und Fenchelsamen in einer Pfanne ohne Fett rösten, bis sie duften. Aus der Pfanne nehmen, etwas abkühlen lassen und fein mörsern. Die Zwiebel, Knoblauch und Ingwer schälen und fein hacken. Den Kürbis waschen, entkernen und klein würfeln.

Das Öl in einem Topf erhitzen und die Senfsamen darin so lange anrösten, bis sie springen. Gemörserte Gewürze, Kurkuma, Zwiebel, Knoblauch und Ingwer zugeben und anbraten. Linsen und Kürbis zufügen und mit Gemüsebrühe und Kokosmilch aufgießen. Alles aufkochen und zugedeckt bei niedriger Hitze 20 Minuten köcheln lassen, dabei ab und zu umrühren.

Die TK-Erbsen zufügen und alles weitere 5 Minuten köcheln lassen. Den Koriander waschen, trocken schütteln und die Blätter abzupfen. Das Dal mit Salz und Pfeffer abschmecken und mit Korianderblättern und Fladenbrot servieren.

INFO

Um die biologische Wertigkeit des Eiweißes zu erhöhen, sollten Sie die Linsen am besten zusammen mit Getreide wie beispielsweise Reis, Fladenbrot oder Vollkornbaguette essen.

ASIA-SALAT

MIT SAUERKRAUT

ZUTATEN

700 g Sauerkraut (Frischsauerkraut)

1 Ananas

1 rote Chilischote

50 g Erdnusskerne

Für das Dressing

4 EL Sesamöl

2 EL Honig

2 EL Reisessig (wahlweise Weißweinessig)

Salz

Pfeffer

½ Bund Koriandergrün

4 Personen

20 Minuten

ZUBEREITUNG

Das Sauerkraut in ein Sieb geben, leicht ausdrücken und abtropfen lassen. Das Sauerkraut ggf. grob schneiden.

Die Ananas schälen, halbieren und den Strunk entfernen. Das Fruchtfleisch klein würfeln. Die Chilischote halbieren und die Samen und weißen Trennwände entfernen. Die Chilischote waschen und in dünne Streifen schneiden. Die Erdnüsse grob hacken. Alles vorsichtig vermischen.

Für das Dressing Öl, Honig und Essig gründlich verquirlen und mit Salz und Pfeffer würzen. Den Koriander waschen, trocken schütteln und fein hacken.

Den Salat mit dem Dressing und dem Koriander vermischen. Nach Bedarf nochmals abschmecken.

TIPP

Besonders gesund ist frisches Sauerkraut (Frischsauerkraut) aus der Kühltheke, da hier die Milchsäurebakterien noch nicht durch Erhitzen abgetötet sind.

NUDELSALAT

GRIECHISCHE ART

ZUTATEN

300 g kurze Nudeln
Salz
1 rote Zwiebel
250 g Kirschtomaten
1 Gurke
200 g Schafkäse
150 g grüne und schwarze Oliven, entsteint

Für die Vinaigrette
4 EL Olivenöl
3 EL Rotweinessig
1 TL körniger Senf
½ EL Honig
Salz
Pfeffer
1 Bund Basilikum

4 Personen
20 Minuten

ZUBEREITUNG

Die Nudeln nach Packungsanleitung in Salzwasser bissfest kochen. Abgießen und abtropfen lassen.

Inzwischen die Zwiebel schälen und in Ringe schneiden. Die Tomaten waschen und halbieren. Die Gurke schälen, längs halbieren und die Kerne mithilfe eines Löffels herauskratzen. Die Hälften vierteln und klein würfeln. Den Schafkäse zerbröckeln. Zwiebel, Tomaten, Gurke, Schafkäse und Oliven vorsichtig in einer großen Schüssel mischen.

Für die Vinaigrette das Öl mit Essig, Senf und Honig verquirlen und mit Salz und Pfeffer abschmecken. Das Dressing mit den Nudeln und den übrigen Salatzutaten mischen.

Das Basilikum waschen, trocken schütteln und die Blätter grob zupfen. Unter den Salat heben und diesen zum Servieren nach Bedarf nochmals abschmecken.

TIPP

Wenn Sie den Salat nicht als Hauptgericht, sondern als Beilage zum Beispiel für einen Grillabend zubereiten wollen, reicht die Menge für 6–8 Personen.

INFO

Abgekühlte Nudeln bilden resistente Stärke, die Powerfood für die guten Bakterien darstellen. Am besten kocht man deshalb die Nudeln schon am Vortag, auf jeden Fall sollten sie vollständig abkühlen können.

CHICORÉESALAT

MIT RÄUCHERFORELLE UND BUTTERMILCHDRESSING

ZUTATEN

2 Stauden Chicorée

1 Radicchio

2 Äpfel

1 rosa Grapefruit

400 g geräucherte Forellenfilets (ohne Haut)

2 EL heller und dunkler Sesamsamen

Für das Dressing

100 ml Buttermilch

3 EL Olivenöl

1 EL süßer Senf

1 EL mittelscharfer Senf

½ EL Honig

2 EL Weißweinessig

Salz

Pfeffer

4 Personen

20 Minuten

ZUBEREITUNG

Den Chicorée und den Radicchio putzen. Die Blätter vom Chicorée abtrennen und kurz warm waschen, damit er nicht mehr bitter ist. Den Radicchio waschen, trocken schleudern und in Streifen schneiden.

Die Äpfel waschen, vierteln und vom Kerngehäuse befreien. Die Äpfel in dünne Scheiben schneiden. Die Grapefruit schälen und die einzelnen Filets zwischen den Trennwänden herausschneiden, den Saft dabei auffangen. Die Fischfilets in kleine Stücke teilen.

Für das Dressing alle Zutaten und den aufgefangenen Grapefruitsaft gründlich verquirlen.

Die Chicoréeblätter auf Teller verteilen. Radicchio, Äpfel, Grapefruitfilets und Forelle daraufgeben und alles mit dem Dressing beträufeln. Mit Sesamsamen bestreut servieren.

INFO

Die Bitterstoffe des Chicorées sind gut für Verdauung, Stoffwechsel und Kreislauf. Außerdem enthält die schlanke Staude den Ballaststoff Inulin, der Powerfood für die guten Bakterien ist, lange satt macht und den Blutzuckerspiegel nur langsam ansteigen lässt.

GEMÜSECHILI

MIT BULGUR UND KORIANDERRAHM

ZUTATEN

1 Zwiebel, 1 Knoblauchzehe

1 rote Chilischote

1 Zucchini, 2 Möhren

1 rote Paprikaschote

2 EL Öl, 2 EL Tomatenmark

½ TL Paprikapulver edelsüß

½ TL gemahlener Kreuzkümmel

500 ml Gemüsebrühe

1 Dose stückige Tomaten (400 ml), Zucker, Salz, Pfeffer

1 Dose Kidneybohnen (Abtropfgewicht 250 g)

1 Dose weiße Bohnen (Abtropfgewicht 250 g)

1 Dose Mais (Abtropfgewicht 285 g)

150 g Bulgur

½ Bund Koriandergrün

250 g Sauerrahm

Schale 1 unbehandelten Zitrone

4 Personen
40 Minuten

ZUBEREITUNG

Die Zwiebel und die Knoblauchzehe schälen und fein hacken. Die Chilischote halbieren, Samen und weiße Trennwände entfernen, die Schote waschen und fein hacken.

Die Zucchini putzen und waschen. Die Möhren schälen. Die Paprikaschote halbieren, Samen und weiße Trennwände entfernen, die Schote waschen. Das Gemüse klein würfeln.

Das Öl in einem großen Topf erhitzen und Zwiebel, Knoblauch und Chilischote darin anschwitzen. Das Gemüse zufügen und kurz anbraten. Tomatenmark, Paprikapulver und Kreuzkümmel zufügen und kurz anrösten. Die Gemüsebrühe aufgießen und die Tomaten zugeben. Mit 1 Prise Zucker, Salz und Pfeffer würzen. Zugedeckt bei niedriger Hitze 15 Minuten köcheln lassen.

Die Bohnen und den Mais in ein Sieb abgießen, abspülen und abtropfen lassen. Zum Chili geben und weitere 5–8 Minuten köcheln lassen. Nochmals abschmecken.

Inzwischen den Bulgur in 300 ml Salzwasser aufkochen und zugedeckt bei niedriger Hitze 10 Minuten köcheln lassen, dabei gelegentlich umrühren.

Für den Korianderrahm den Koriander waschen, trocken schütteln und fein hacken. Den Sauerrahm mit abgeriebener Zitronenschale und Koriander verrühren. Mit Salz und Pfeffer abschmecken.

Das Gemüsechili mit Bulgur und Korianderrahm servieren.

KOPFSALAT-WRAPS

MIT GEMÜSEHIRSE

ZUTATEN

200 g Hirse
400 ml Gemüsebrühe
½ Gurke
1 gelbe Paprikaschote
1 Bund Frühlingszwiebeln
80 g in Öl eingelegte getrocknete Tomaten
200 g Schafkäse
3 EL Olivenöl
Saft von ½ Zitrone
Salz
Pfeffer
12 Blätter Kopfsalat

Außerdem
ca. 12 Zahnstocher oder kleine Holzspieße

4 Personen
30 Minuten

ZUBEREITUNG

Die Hirse in einem Sieb unter fließend heißem Wasser waschen. Mit der Gemüsebrühe in einen Topf geben und aufkochen. Dann bei niedriger Hitze 7–10 Minuten köcheln lassen. Die Hirse vom Herd nehmen und zugedeckt noch 5 Minuten ausquellen lassen.

Inzwischen die Gurke waschen und längs halbieren. Die Kerne mithilfe eines Löffels herauskratzen. Die Gurke waschen, vierteln und klein würfeln. Die Paprikaschote halbieren, Samen und weiße Trennwände entfernen. Die Paprika waschen und klein würfeln. Die Frühlingszwiebeln putzen, waschen und schräg in Ringe schneiden. Die Tomaten abtropfen lassen und klein schneiden.

Das Gemüse mit der Hirse vermischen. Den Schafkäse klein bröckeln und untermischen. Alles mit Öl, Zitronensaft, Salz und Pfeffer abschmecken.

Die Salatblätter waschen und trocken schütteln. Auf jedes Salatblatt 2–3 Esslöffel Gemüsehirse mittig platzieren. Die Seiten einschlagen und das Salatblatt vom Strunk her aufrollen. Mit einem Zahnstocher oder kleinen Holzspieß fixieren.

RIBOLLITA

GEMÜSEEINTOPF MIT BOHNEN UND RÖSTBROT

ZUTATEN

1 Zwiebel

2 Möhren

1 Staude Mangold (ca. 500 g)

2 Stangen Staudensellerie

2 Stiele Thymian

1 Stiel Rosmarin

1 Dose weiße Bohnen (Abtropfgewicht 250 g)

2 EL Olivenöl

1 EL Tomatenmark

1 l Gemüsebrühe

Salz

Pfeffer

8 Scheiben Weißbrot

50 g Parmesan

4 Personen
40 Minuten

ZUBEREITUNG

Die Zwiebel schälen und fein hacken. Die Möhren schälen und würfeln. Den Mangold putzen und waschen. Die Stiele am Blattansatz abschneiden und klein würfeln. Die Blätter in Streifen schneiden. Den Sellerie putzen, waschen, ggf. harte Fäden ziehen und den Sellerie klein würfeln. Das Selleriegrün klein hacken und beiseitestellen. Thymian und Rosmarin waschen, trocken schütteln, die Blätter bzw. Nadeln abzupfen und fein hacken. Die Bohnen in ein Sieb abgießen und abspülen.

Das Öl in einem großen Topf erhitzen und Zwiebel und Mangoldstiele darin anschwitzen. Die Möhren, Sellerie und Tomatenmark zugeben und kurz anbraten. Mit Gemüsebrühe aufgießen. Bohnen, Mangoldblätter, Thymian und Rosmarin zufügen. Alles mit Salz und Pfeffer würzen und zugedeckt bei niedriger Hitze etwa 20 Minuten köcheln lassen, dabei gelegentlich umrühren.

Inzwischen das Weißbrot rösten und den Parmesan fein reiben. Den Eintopf nochmals abschmecken.

Die Ribollita mit dem Parmesan und dem Selleriegrün bestreuen und mit dem Röstbrot servieren.

KARTOFFELSUPPE

MIT HAFERFLOCKEN

ZUTATEN

1 Zwiebel

600 g mehlig kochende Kartoffeln

2 Stangen Lauch

2 EL Rapsöl

1 l Gemüsebrühe

40 g zarte Haferflocken

2 Lorbeerblätter

Salz

Pfeffer

Muskatnuss

½ Bund Petersilie

250 g Sahne

4 Personen
30 Minuten

ZUBEREITUNG

Die Zwiebel schälen und fein hacken. Die Kartoffeln schälen und klein würfeln. Den Lauch putzen, waschen und klein schneiden.

Das Öl in einem großen Topf erhitzen und die Zwiebel darin glasig anschwitzen. Die Kartoffeln und den Lauch zugeben und kurz anbraten. Mit der Gemüsebrühe aufgießen und die Haferflocken zufügen. Die Lorbeerblätter zugeben und alles mit Salz, Pfeffer und Muskatnuss würzen. Zugedeckt bei niedriger Hitze 15–18 Minuten köcheln lassen, dabei gelegentlich umrühren.

Inzwischen die Petersilie waschen, trocken schütteln und fein hacken. Die Lorbeerblätter entfernen und die Sahne zufügen. Die Suppe noch einmal aufkochen. Dann mit dem Stabmixer pürieren und nochmals abschmecken. Auf Teller verteilen und mit Petersilie bestreut servieren.

INFO

Lauch gehört zu den Präbiotika (siehe Seite 26) und ist ein hervorragendes Bauchschmeichler-Gemüse, das die guten Bakterien lieben.

GRÜNKOHLPUFFER

MIT SCHNITTLAUCHQUARK

ZUTATEN

Für die Puffer
1 kg mehlig kochende Kartoffeln
Salz
1 Zwiebel
1 Knoblauchzehe
600 g Grünkohl
4 EL Olivenöl
1 EL Currypulver
Pfeffer
2 Eier (L)

Für den Schittlauchquark
1 Bund Schnittlauch
400 g Quark
2–3 EL Milch
1 EL Olivenöl
Schale 1 unbehandelten Zitrone
Salz
Pfeffer

4 Personen
50 Minuten

ZUBEREITUNG

Für die Puffer die Kartoffeln waschen und in wenig Salzwasser etwa 30 Minuten garen. Abgießen und ausdampfen lassen.

Inzwischen für den Schnittlauchquark den Schnittlauch waschen, trocken schütteln und in feine Röllchen schneiden. Den Quark mit der Milch glatt rühren und den Schnittlauch und das Öl untermischen. Mit abgeriebener Zitronenschale, Salz und Pfeffer abschmecken.

Zwiebel und Knoblauch schälen und fein hacken. Den Grünkohl putzen und waschen. Die Stiele am Blattansatz abschneiden und klein würfeln. Die Blätter in Streifen schneiden.

In einer beschichteten Pfanne 1 Esslöffel Öl erhitzen und Zwiebel, Knoblauch und Grünkohlstiele darin glasig anschwitzen. Die Blätter zugeben. Mit 2–3 Esslöffeln Wasser aufgießen, damit der Grünkohl nicht anlegt. Alles mit Curry, Salz und Pfeffer würzen und zugedeckt bei niedriger Hitze 4 Minuten anbraten. Dann aus der Pfanne nehmen und abkühlen lassen.

Die Kartoffeln pellen, klein schneiden und zerdrücken. Kartoffeln, Grünkohl und Eier vermischen und die Masse mit Salz und Pfeffer würzen. Aus der Masse 12 Puffer formen.

Die Pfanne auswischen und das restliche Öl erhitzen. Die Puffer darin portionsweise auf jeder Seite 3–4 Minuten braten. Mit dem Schnittlauchquark servieren.

INFO

Wer keinen Grünkohl bekommt, kann auch anderes grünes Blattgemüse wie Blattspinat, Mangold oder Wirsing nehmen.

SPINATCREMESUPPE

MIT SEELACHS

ZUTATEN

300 g TK-Spinat
1 Zwiebel
1 Knoblauchzehe
4 EL Olivenöl
Muskatnuss
Salz
Pfeffer
600 ml Gemüsebrühe
4 Seelachsfilets
200 g Sahne

4 Personen
35 Minuten

ZUBEREITUNG

Für die Suppe den Spinat auftauen und gut abtropfen lassen. Die Zwiebel und den Knoblauch schälen und fein hacken.

In einem großen Topf 2 Esslöffel Öl erhitzen und Zwiebel und Knoblauch darin anschwitzen. Den Spinat zugeben und kurz anbraten. Mit etwas Muskatnuss, Salz und Pfeffer würzen. Die Gemüsebrühe aufgießen und alles bei niedriger Hitze 5–10 Minuten köcheln lassen.

Inzwischen die Fischfilets waschen und trocken tupfen. In kleine Würfel schneiden und mit Salz und Pfeffer würzen. In einer Pfanne das restliche Öl erhitzen und die Filetwürfel darin auf jeder Seite 3–4 Minuten anbraten.

Die Sahne zur Suppe geben, alles aufkochen und mit dem Stabmixer pürieren. Die Spinatsuppe mit Salz und Pfeffer abschmecken und mit den Fischfilets in Schüsseln anrichten.

HÜHNERSUPPE

MIT INGWER UND NUDELN

ZUTATEN

1 Bund Suppengrün
5 cm Ingwer
1 Zwiebel
1 Suppenhuhn (ca. 1,5 kg)
Salz
1 Knolle Fenchel
2 Petersilienwurzeln
2 Möhren
150 g kleine Vollkorn-suppennudeln
½ Bund Petersilie
Pfeffer

4 Personen
105 Minuten

ZUBEREITUNG

Das Suppengrün putzen, waschen und klein schneiden. Den Ingwer schälen und in Scheiben schneiden. Die Zwiebel schälen und vierteln.

Das Suppenhuhn waschen und in einen Topf geben. Mit so viel kaltem Wasser aufgießen, dass das Huhn vollständig bedeckt ist. Langsam aufkochen, dabei den entstandenen Schaum abschöpfen. Suppengrün, Zwiebel und Ingwer zugeben. Alles salzen und bei niedriger Hitze etwa 1 Stunde köcheln lassen, bis sich das Hähnchenfleisch leicht vom Knochen löst.

Das Hähnchen aus der Brühe nehmen und abkühlen lassen. Die Brühe durch ein feinmaschiges Sieb abseihen. Das Hähnchenfleisch vom Knochen lösen und klein schneiden.

Den Fenchel putzen, waschen und klein schneiden. Die Petersilienwurzeln und Möhren schälen und klein würfeln. Die durchgesiebte Brühe aufkochen, das Gemüse und Hähnchenfleisch zugeben und alles bei niedriger Temperatur noch etwa 10 Minuten köcheln lassen.

Inzwischen die Vollkornnudeln nach Packungsanleitung in Salzwasser bissfest kochen. Die Petersilie waschen, trocken schütteln und fein hacken.

Die Hühnersuppe mit Salz und Pfeffer abschmecken. Mit den Nudeln servieren und mit Petersilie bestreuen.

TIPP

Sie können restliche Brühe auch gut portionsweise einfrieren.

HACKBÄLLCHEN

MIT RAITA UND ZUCCHINI-LAUCH-GEMÜSE

ZUTATEN

Für die Raita
½ Gurke
1 Bund Petersilie
4 Stiele Minze
250 g Magerquark
200 g Joghurt
gemahlener Kreuzkümmel
gemahlener Koriander
Salz
Pfeffer

Für die Hackbällchen
1 Knoblauchzehe
½ Bund Koriandergrün
500 g Rinderhackfleisch

Für das Gemüse
Rapsöl zum Braten
1 Zwiebel
2 Stangen Lauch
1 kg Zucchini
3 Stiele Thymian
2 EL Olivenöl

4 Personen
40 Minuten

ZUBEREITUNG

Für die Raita die Gurke schälen, längs halbieren und die Kerne mithilfe eines Löffels herauskratzen. Die Gurke grob raspeln. Petersilie und Minze waschen, trocken schütteln und fein hacken. Quark mit Joghurt verrühren, Gurke und die Hälfte der Petersilie und die Minze unterheben. Mit je ½ TL Kreuzkümmel und Koriander sowie Salz und Pfeffer abschmecken.

Für die Hackbällchen die Knoblauchzehe schälen und fein hacken. Den Koriander waschen, trocken schütteln, die Blätter abzupfen und fein hacken. Das Hackfleisch mit Knoblauch, Koriander und übriger Petersilie vermischen. Mit 1 TL Kreuzkümmel, Salz und Pfeffer würzen und alles gut verkneten. Aus der Masse 16–18 Hackbällchen formen und zugedeckt im Kühlschrank etwa 10 Minuten ziehen lassen.

Den Backofen auf 80 °C erhitzen. Ein Backblech mit Backpapier auslegen. In einer Pfanne etwas Rapsöl erhitzen und die Hackbällchen darin portionsweise bei mittlerer bis starker Hitze rundum etwa 8 Minuten anbraten. Herausnehmen und im Ofen warm halten.

Für das Gemüse die Zwiebel schälen und fein hacken. Den Lauch putzen, waschen und in Ringe schneiden. Die Zucchini putzen, waschen und in Scheiben schneiden. Den Thymian waschen, trocken schütten und fein hacken. In einer Pfanne das Olivenöl erhitzen und Zwiebel und Lauch darin 2–3 Minuten anbraten. Die Zucchini zugeben und weitere 4–5 Minuten bissfest anbraten. Mit Thymian, Salz und Pfeffer abschmecken.

Die Hackbällchen mit der Raita und dem Zucchini-Lauch-Gemüse servieren.

BUCHWEIZENSALAT

MIT TOPINAMBUR UND ZIEGENFRISCHKÄSE

ZUTATEN

150 g Buchweizen
Salz
300 g Topinambur
1 EL Zitronensaft
125 g Rucola
120 g Blaubeeren
80 g Ziegenfrischkäserolle
4 Stiele Minze

Für die Vinaigrette
1 Orange
6 EL Olivenöl
3 EL Apfelessig
Salz
Pfeffer

4 Personen
30 Minuten

ZUBEREITUNG

Den Buchweizen in einem Sieb unter fließend kaltem Wasser abspülen. In reichlich kochendem Salzwasser zugedeckt bei niedriger Hitze etwa 20 Minuten köcheln lassen. Den Buchweizen in ein Sieb abgießen und abtropfen lassen.

Inzwischen die Topinambur schälen und in dünne Scheiben schneiden oder hobeln, sofort mit Zitronensaft beträufeln. Den Rucola gründlich waschen, trocken schütteln und in mundgerechte Stücke zerteilen. Die Blaubeeren waschen und vorsichtig trocken tupfen. Die Ziegenkäserolle in vier Scheiben schneiden. Die Minze waschen und trocken schütteln. Die Blätter abzupfen und in Streifen scheiden.

Für die Vinaigrette die Orange halbieren und auspressen. Orangensaft, Öl, Essig, Salz und Pfeffer verquirlen.

Den Buchweizen in einer Schüssel mit Topinambur, Rucola, Blaubeeren und Vinaigrette vorsichtig vermischen. Den Buchweizensalat auf Teller verteilen. Die Ziegenkäsescheiben darauf anrichten und mit Minze bestreut servieren.

INFO

Topinambur ist eine alte Gemüsesorte, die wiederentdeckt wurde. Der Geschmack erinnert an Artischocken. Topinambur kann gekocht oder roh gegessen werden. Die kleinen Knollen sind die Nummer 1 unter den Präbiotika, da sie einen hohen Gehalt an Inulin haben.

PASTINAKENSUPPE

MIT RUCOLA-PESTO

ZUTATEN

Für die Suppe
1 Zwiebel
800 g Pastinaken
2 EL Olivenöl
800 ml Gemüsebrühe
250 g Sahne
Salz
Pfeffer

Für das Rucola-Pesto
50 g Rucola
1 kleine Knoblauchzehe
½ Zitrone
50 g Cashewkerne
100 ml Olivenöl
Salz
Pfeffer

4 Personen
25 Minuten

ZUBEREITUNG

Für die Suppe die Zwiebel schälen und fein hacken. Die Pastinaken schälen und grob würfeln. Das Öl in einem Topf erhitzen und die Zwiebel darin anschwitzen. Die Pastinaken zugeben und kurz anbraten. Mit Gemüsebrühe aufgießen. Alles aufkochen und zugedeckt bei niedriger Hitze 15–18 Minuten köcheln lassen.

Alles mit dem Stabmixer pürieren, die Sahne zugeben und nochmals aufkochen. Mit Salz und Pfeffer abschmecken.

Inzwischen für das Pesto den Rucola waschen, trocken schütteln und grob zerkleinern. Die Knoblauchzehe schälen und fein hacken. Die Zitrone auspressen. Die Cashewkerne grob hacken. In einer Küchenmaschine oder im Blitzhacker alles fein mixen. Dabei so viel Olivenöl in einem dünnen Strahl dazugießen, bis das Pesto die gewünschte Konsistenz erreicht hat. Mit Salz und Pfeffer abschmecken.

Die Pastinakensuppe mit einem Klecks Rucola-Pesto servieren.

INFO

Pastinaken gehören zu den Gemüsesorten, die reichlich Ballaststoffe wie Präbiotika enthalten – ein Festmahl für unsere Darmbakterien.

ABEND-
ESSEN

PILZ-RISOTTO

MIT KRÄUTERSEITLINGEN UND RADICCHIO

ZUTATEN

1 Zwiebel

1 Knoblauchzehe

300 g Kräuterseitlinge (wahlweise Champignons)

½ Radicchio

4 Stiele Petersilie

2 EL Olivenöl

300 g Risottoreis

125 ml trockener Weißwein

ca. 1 l heiße Gemüsebrühe

3 EL Butter

Salz

Pfeffer

Schale und Saft 1 unbehandelten Zitrone

50 g geriebener Parmesan

4 Personen
30 Minuten

ZUBEREITUNG

Die Zwiebel und die Knoblauchzehe schälen und fein hacken. Die Kräuterseitlinge putzen und in Scheiben schneiden. Den Radicchio putzen, waschen und in feine Streifen schneiden. Die Petersilie waschen, trocken schütteln und fein hacken.

In einem großen Topf das Öl erhitzen und die Hälfte von Zwiebel und Knoblauch darin glasig anschwitzen. Den Risottoreis zugeben und 2 Minuten anschwitzen. Mit Weißwein ablöschen und fast ganz einkochen lassen. So viel heiße Gemüsebrühe aufgießen, dass der Reis gerade bedeckt ist. Alles unter Rühren leicht brodelnd köcheln lassen, bis die Flüssigkeit fast verdampft ist. Dabei nach und nach die Gemüsebrühe aufgießen und unter Rühren etwa 20 Minuten einkochen lassen, bis das Risotto bissfest ist.

Inzwischen in einer Pfanne 2 Esslöffel Butter erhitzen und die restliche Zwiebel und Knoblauch darin glasig anschwitzen. Die Pilze zugeben und bei niedriger Hitze etwa 5 Minuten anbraten, dabei gelegentlich umrühren. Mit Salz und Pfeffer würzen. Den Radicchio zugeben und einmal schwenken.

Das Risotto vom Herd nehmen und die restliche Butter und den Parmesan untermischen. Das Pilzgemüse unterrühren und alles mit Salz, Pfeffer, abgeriebener Zitronenschale und -saft abschmecken. Das Risotto auf Teller verteilen und mit Petersilie bestreut servieren.

INFO

Radicchio enthält viele Bitterstoffe, die die Verdauung anregen.

SÜSSKARTOFFELN

MIT MANGOLDGEMÜSE UND SAUERRAHMDIP

ZUTATEN

4 große Süßkartoffeln (à ca. 400 g)

600 g Mangold (am besten gelb- und rotstieliger)

1 Knoblauchzehe

4 Frühlingszwiebeln

2 EL Olivenöl

Salz

Pfeffer

200 g Sauerrahm

Schale 1 unbehandelten Zitrone

4 Personen
55 Minuten

ZUBEREITUNG

Den Backofen auf 200 °C (Umluft) vorheizen. Die Süßkartoffeln gründlich waschen, in Alufolie wickeln und auf der mittleren Schiene im Ofen etwa 50 Minuten backen.

Inzwischen den Mangold putzen und waschen. Die Stiele am Blattansatz abschneiden und klein würfeln. Die Blätter halbieren und in feine Streifen schneiden. Den Knoblauch schälen und fein hacken. Die Frühlingszwiebeln putzen, waschen und schräg in Ringe schneiden.

In einem Topf das Öl erhitzen und den Knoblauch darin anschwitzen. Die Mangoldstiele zugeben und 5 Minuten anbraten. Die Blätter zufügen und weitere 5 Minuten braten. Mit Salz und Pfeffer würzen.

Den Sauerrahm mit abgeriebener Zitronenschale, Salz und Pfeffer verrühren.

Die Süßkartoffeln aus dem Backofen nehmen und aus der Alufolie lösen. Auf Tellern anrichten, längs bis zur Hälfte einschneiden und etwas auseinanderdrücken. Mit Salz und Pfeffer würzen. Die Süßkartoffeln mit dem Mangoldgemüse füllen und die Frühlingszwiebeln darüberstreuen. Mit Sauerrahm beträufelt servieren.

KARTOFFEL-GNOCCHI

MIT ZUCCHINI-PESTO

ZUTATEN

Für die Gnocchi
1 kg mehlig kochende Kartoffeln, Salz
1 Eigelb
ca. 120 g Dinkelmehl (Type 630)
Muskatnuss

Für das Pesto
500 g Zucchini
50 g Pinienkerne
1 Knoblauchzehe
½ Bund Basilikum
6 EL Olivenöl
50 g geriebener Parmesan
Salz
Pfeffer

Außerdem
Mehl zum Arbeiten
frisch geriebener Parmesan zum Servieren

4 Personen
50 Minuten

ZUBEREITUNG

Für die Gnocchi die Kartoffeln waschen und in wenig Salzwasser etwa 20 Minuten weich kochen. Danach abgießen und ausdampfen lassen.

Inzwischen für das Pesto Zucchini putzen, waschen und klein würfeln. Pinienkerne in einer Pfanne ohne Fett rösten, herausnehmen und abkühlen lassen. Knoblauch schälen und hacken. Basilikum waschen, trocken schütteln und grob zerkleinern.

In einer Pfanne 3 Esslöffel Öl erhitzen und den Knoblauch darin anschwitzen. Die Zucchini zugeben und 3–4 Minuten anbraten. Alles abkühlen lassen. Im Blitzhacker Zucchini, Basilikum und Pinienkerne fein mixen. Parmesan unterrühren und das restliche Öl dazugießen. Mit Salz und Pfeffer würzen.

Die Kartoffeln pellen, durch eine Kartoffelpresse drücken oder mit einem Stampfer zerdrücken und in eine Schüssel geben. Eigelb und Mehl zufügen, mit Salz und Muskatnuss würzen und alles mit den Händen zu einem geschmeidigen Teig verkneten. Kurz ruhen lassen, falls nötig, mehr Mehl unterkneten.

Reichlich Salzwasser in einem großen Topf aufkochen. Den Teig vierteln und mit bemehlten Händen vorsichtig zu vier Rollen formen (à ca. 40 cm), diese in 2 cm breite Stücke schneiden. Nach Belieben für die typische Gnocchi-Form die Teigstücke mit einem Gabelrücken leicht eindrücken. Dann auf ein bemehltes Brett geben.

Die Gnocchi portionsweise im siedenden Salzwasser garen, bis sie an die Oberfläche steigen. Mit einer Schaumkelle herausheben und abtropfen lassen. Zum Servieren mit dem Pesto vermischen und mit Parmesan bestreuten.

KÜRBIS-LASAGNE

MIT BERGKÄSE UND MOZZARELLA

ZUTATEN

500 g Hokkaido-Kürbis
3 große Tomaten
250 g Sahne
250 ml Milch
250 g Bergkäse
50 g Parmesan
Salz
Pfeffer
Muskatnuss
12–13 Lasagneblätter
1 Kugel Mozzarella (125 g)

Außerdem
Butter für die Form

4 Personen
80 Minuten

ZUBEREITUNG

Den Kürbis putzen, waschen und von den Kernen befreien. Das Fruchtfleisch in dünne Spalten schneiden. Die Tomaten waschen, halbieren und jeweils den Stielansatz entfernen, das Fruchtfleisch klein würfeln.

Die Sahne und die Milch verquirlen. Den Bergkäse und den Parmesan reiben und unterrühren. Mit Salz, Pfeffer und Muskatnuss abschmecken.

Den Backofen auf 200 °C (Umluft) vorheizen. Eine Auflaufform mit Butter ausfetten. Eine Schicht Nudelblätter in die Form legen, ein Drittel der Kürbisspalten und Tomaten darauf verteilen und etwas Käsemasse darübergießen. Zwei weitere Lagen einschichten, dabei mit Nudelblättern und Käsemasse abschließen. Den Mozzarella abtropfen lassen und klein zupfen, zuletzt auf der Lasagne verteilen.

Die Lasagne im Ofen auf der mittleren Schiene etwa 45 Minuten backen. Bei Bedarf die Lasagne mit Alufolie abdecken, damit der Käse nicht zu stark bräunt. Aus dem Ofen nehmen und vor dem Servieren kurz abkühlen lassen.

SÜSSKARTOFFEL-CURRY

MIT HÄHNCHEN

ZUTATEN

2 große Süßkartoffeln
(à ca. 400 g)

2 cm Ingwer

1 Zwiebel

1 Knoblauchzehe

250 g gegarte Kichererbsen

2 Hähnchenbrustfilets
(ca. 500 g)

3 EL Rapsöl

1 EL mildes Currypulver

Salz

Pfeffer

400 ml Gemüsebrühe

500 ml passierte Tomaten
(aus der Dose)

1 Bund Koriandergrün

Chiliflocken, nach Belieben

4 Personen
35 Minuten

ZUBEREITUNG

Die Süßkartoffeln schälen und klein würfeln. Den Ingwer, die Zwiebel und den Knoblauch schälen und fein hacken. Die Kichererbsen in ein Sieb abgießen, abspülen und abtropfen lassen. Das Hähnchenfleisch waschen, trocken tupfen und klein würfeln.

In einem großen Topf das Öl erhitzen und Ingwer, Zwiebel und Knoblauch darin glasig anschwitzen. Das Fleisch zugeben und rundum anbraten. Das Currypulver darüberstreuen und salzen und pfeffern. Die Süßkartoffeln zufügen und kurz anbraten. Mit Gemüsebrühe aufgießen. Die passierten Tomaten und die Kichererbsen zugeben, alles aufkochen und bei mittlerer Hitze 15–18 Minuten köcheln lassen.

Das Curry mit Salz und Pfeffer abschmecken. Den Koriander waschen, trocken schütteln und fein hacken. Das Curry damit bestreuen. Nach Belieben mit Chiliflocken bestreut servieren.

SPARGELGEMÜSE

AUF CREMIGER POLENTA

ZUTATEN

Für die Polenta
1 Knoblauchzehe
3 Stiele Thymian
450 ml Milch
150 g Polenta (Maisgrieß)
2 EL Olivenöl
40 g Parmesan
Salz
Pfeffer

Für das Gemüse
1 Knoblauchzehe
1 kg grüner Spargel
4 feste Birnen
2 EL Butter
2 EL Honig
3 EL Olivenöl
Salz
Pfeffer
4 Stiele Thymian
50 g Haselnusskerne

4 Personen
30 Minuten

ZUBEREITUNG

Für die Polenta den Knoblauch schälen und andrücken. Den Thymian waschen und trocken schütteln. In einem Topf die Milch, Knoblauch, Thymian und 450 ml Wasser aufkochen. Polenta und Öl einrühren und alles nochmals unter Rühren aufkochen. Den Topf vom Herd nehmen und die Polenta etwa 20 Minuten ausquellen lassen. Danach die Knoblauchzehe und den Thymian entfernen. Den Parmesan fein reiben und unterrühren, gegebenenfalls noch etwas Milch zugießen. Die Polenta mit Salz und Pfeffer abschmecken.

Für das Gemüse währenddessen den Knoblauch schälen. Den Spargel waschen, im unteren Drittel schälen und die Enden entfernen. Die Stangen nach Belieben schräg halbieren. Die Birnen waschen, vierteln, entkernen und in Spalten schneiden.

In einer großen Pfanne die Butter erhitzen und die Birnen darin etwa 3 Minuten anbraten. Den Honig darüberträufeln und leicht karamellisieren lassen. Die Birnen aus der Pfanne nehmen und beiseitestellen.

Die Pfanne auswischen, das Öl darin erhitzen und den Knoblauch anschwitzen. Den Spargel zugeben und 5–7 Minuten anbraten, je nach Dicke der Spargelstangen. Mit Salz und Pfeffer abschmecken. Die Birnen zufügen und nochmals schwenken.

Den Thymian waschen, trocken schütteln und die Blätter abzupfen. Die Nüsse grob hacken. Das Gemüse mit der Polenta anrichten. Mit Thymian und Nüssen bestreut servieren.

INFO

Grüner Spargel gehört zu den gesunden Präbiotika-Vertretern.

KARTOFFELSTRUDEL

MIT SAUERKRAUT

ZUTATEN

300 g vorwiegend festkochende Kartoffeln

Salz

500 g Sauerkraut (Frischsauerkraut)

½ Bund Petersilie

150 g Sauerrahm

2 TL Paprikapulver edelsüß

Pfeffer

60 g Butter

1 Packung Strudelteig oder Filoteig (ca. 30 x 120 cm)

1 Strudel

80 Minuten

ZUBEREITUNG

Den Backofen auf 200 °C (Ober-/Unterhitze) vorheizen. Ein Backblech mit Backpapier belegen. Die Kartoffeln waschen und in wenig Salzwasser etwa 30 Minuten köcheln lassen. Abgießen und ausdampfen lassen.

Das Sauerkraut abtropfen lassen, gut ausdrücken und mit einer Gabel auflockern. Die Petersilie waschen, trocken schütteln und fein hacken. Die Kartoffeln pellen und klein würfeln. Das Sauerkraut mit Kartoffeln, Sauerrahm, Paprikapulver und Petersilie vermischen. Mit Salz und Pfeffer würzen.

Die Butter schmelzen. Den Teig auf einem Küchentuch auslegen und in drei gleich große Stücke teilen. Das erste Stück mit geschmolzener Butter bestreichen und ein weiteres Teigstück darauflegen. Wieder mit Butter bestreichen und das dritte Teigstück darauflegen.

Dann die Sauerkrautmischung mittig darauf verteilen, dabei einen Rand von 5 cm frei lassen. Die freien Teigränder über die Füllung klappen. Den Strudel mithilfe des Küchentuchs aufrollen und mit der Naht nach unten auf das Blech legen.

Den Strudel mit der restlichen Butter bestreichen und im Ofen auf der mittleren Schiene etwa 30 Minuten backen. Herausnehmen und vor dem Servieren kurz abkühlen lassen.

TIPP

Wer es noch etwas würziger mag, kann die Füllung mit angebratenen Schinkenwürfeln oder Räuchertofu verfeinern.

OFEN-AUBERGINEN

AUF CASHEW-COUSCOUS

ZUTATEN

Für die Auberginen
2 große Auberginen
½ Zitrone
Salz
Pfeffer
1 Knoblauchzehe
150 g Champignons
1 rote Paprikaschote
4 Stiele Thymian
4 EL Olivenöl
60 g Bergkäse

Für den Cashew-Couscous
200 g Couscous
80 g Cashewkerne
2 EL Olivenöl
2 EL Rosinen
Salz

4 Personen
60 Minuten

ZUBEREITUNG

Die Auberginen putzen, waschen, längs halbieren und mit einem Löffel aushöhlen, sodass ein etwa 1 cm breiter Rand stehenbleibt. Die Zitrone auspressen und die Auberginenhälften mit Zitronensaft beträufeln. Salzen und pfeffern.

Das Auberginenfruchtfleisch klein würfeln. Die Knoblauchzehe schälen und fein hacken. Die Pilze putzen und klein würfeln. Die Paprika halbieren und Samen und weiße Trennwände entfernen. Die Paprika waschen und klein würfeln. Den Thymian waschen und die Blätter abzupfen.

Den Backofen auf 200 °C (Ober-/Unterhitze) vorheizen. Ein Backblech mit Backpapier auslegen. Das Öl in einer Pfanne erhitzen und den Knoblauch darin kurz anschwitzen. Auberginenwürfel, Paprika und Pilze zugeben und 4–5 Minuten anbraten. Den Thymian zufügen und mit Salz und Pfeffer würzen. Kurz abkühlen lassen. Den Bergkäse reiben und unter das Gemüse mischen. Die Auberginenhälften mit der Gemüsemischung füllen und nebeneinander auf das Blech setzen. Im Ofen auf der mittleren Schiene 30 Minuten backen.

Inzwischen den Couscous in eine Schüssel geben und mit 300 ml kochendem Wasser übergießen. Zugedeckt 10 Minuten quellen lassen. Die Cashewkerne in einer Pfanne ohne Fett rösten, herausnehmen und abkühlen lassen. Den Couscous mit einer Gabel durchrühren. Das Olivenöl, Cashewkerne und Rosinen unterrühren. Mit Salz abschmecken.

Die gefüllten Auberginen aus dem Ofen nehmen und mit dem Cashew-Couscous servieren.

FLAMMKUCHEN

MIT GRÜNEM SPARGEL UND RICOTTA

ZUTATEN

Für den Teig
240 g Weizenmehl (Type 405)
1 TL Salz
2 EL Olivenöl

Für den Belag
500 g grüner Spargel
1 Knoblauchzehe
1 EL Olivenöl
½ TL getrockneter Oregano
Salz
Pfeffer
150 g Ricotta
Schale von 1 unbehandelten Zitrone

Außerdem
Mehl zum Arbeiten

4 Personen
Zubereitung: 40 Minuten
Gehen: 30 Minuten

ZUBEREITUNG

Für den Teig das Mehl mit Salz, Öl und 125 ml Wasser zu einem geschmeidigen Teig verkneten. Zugedeckt 30 Minuten ruhen lassen.

Den Backofen auf 220 °C (Ober-/Unterhitze) vorheizen. Zwei Backbleche mit Backpapier auslegen.

Für den Belag den Spargel waschen, im unteren Drittel schälen und die holzigen Enden entfernen. Den Spargel schräg in dünne Scheiben schneiden. Die Knoblauchzehe schälen und klein hacken. Knoblauch, Öl und Oregano in einer Schüssel gründlich verquirlen.

Den Teig vierteln. Jedes Viertel auf der leicht bemehlten Arbeitsfläche mit dem Nudelholz zu einem Oval von etwa 22 cm Länge ausrollen.

Jeden Fladen dünn mit der Öl-Knoblauch-Mischung bestreichen, salzen und pfeffern. Mit einem Viertel der Spargelscheiben belegen. Jeweils ein Viertel des Ricotta in Klecksen darauf verteilen und mit etwas abgeriebener Zitronenschale bestreuen.

Die Flammkuchen nacheinander im Ofen auf der unteren Schiene 15 Minuten backen. Herausnehmen und sofort servieren, während der nächste Flammkuchen bäckt.

MARINIERTER LACHS

MIT FENCHEL-MÖHREN-GEMÜSE UND BLUMENKOHLREIS

ZUTATEN

Für das Gemüse
2 Knollen Fenchel
400 g Möhren
4 EL Olivenöl
100 ml Gemüsebrühe
Salz
Pfeffer

Für den Fisch
3 cm Ingwer
2 Limetten
3 EL Sojasoße
Salz, Pfeffer
4 Lachsfilets (à ca. 150 g)

Für den Blumenkohlreis
1 Blumenkohl
½ Granatapfel
2 EL Olivenöl
Salz
Pfeffer

4 Personen
45 Minuten

ZUBEREITUNG

Für das Gemüse den Backofen auf 200 °C (Ober-/Unterhitze) vorheizen.

Den Fenchel putzen, waschen und in dünne Scheiben hobeln oder schneiden. Das Fenchelgrün klein hacken und beiseitelegen. Die Möhren schälen und schräg in dünne Scheiben hobeln oder schneiden. Das Gemüse in der Auflaufform verteilen, mit dem Öl beträufeln und die Gemüsebrühe dazugießen. Mit Salz und Pfeffer würzen und im Ofen auf der mittleren Schiene etwa 15 Minuten backen. Herausnehmen und den Ofen nicht ausschalten.

Inzwischen für den Fisch den Ingwer schälen und fein hacken. Die Limetten halbieren und auspressen. Ingwer, Limettensaft und Sojasoße vermischen. Mit Salz und Pfeffer abschmecken. Die Lachsfilets waschen und trocken tupfen, dann in der Marinade zugedeckt 10 Minuten ziehen lassen.

Den Blumenkohl putzen, waschen und in Röschen teilen. Dann mit einer Küchenreibe fein raspeln. Den Granatapfel halbieren und die Kerne herauslösen.

Die Lachsfilets aus der Marinade nehmen und auf das Fenchel-Möhren-Gemüse legen. Weitere 10 Minuten im Ofen garen. Herausnehmen und warm halten.

In einer Pfanne das Öl erhitzen und den Blumenkohlreis darin anschwitzen. Mit Salz und Pfeffer würzen und 3–4 Minuten unter Rühren anbraten. Fenchelgrün und Granatapfelkerne untermischen und Nochmals abschmecken. Die Lachsfilets mit Fenchel-Möhren-Gemüse und Blumenkohlreis servieren.

KRÄUTERLAMM

MIT GREMOLATA UND TOMATEN-FETA-PÄCKCHEN

ZUTATEN

Für die Päckchen
2 Packungen Feta (à 200 g)

2 Tomaten

4 Stiele Oregano (ersatzweise 2 TL getrockneter Oregano)

Pfeffer

4 EL Olivenöl

Für das Lamm
2 Lammrücken (à ca. 250 g)

Salz

Pfeffer

3 EL Olivenöl

Für die Gremolata
50 g Petersilie

1 Knoblauchzehe

Schale 1 unbehandelten Zitrone

Salz

Pfeffer

4 Personen
55 Minuten

ZUBEREITUNG

Für die Tomaten-Feta-Päckchen den Backofen auf 180 °C (Ober-/Unterhitze) vorheizen.

Den Feta abtropfen lassen. Die Tomaten waschen und in Scheiben schneiden. Oregano waschen und trocken schütteln.

Zwei große Stücke Alufolie ausbreiten und je ein Backpapier darüberlegen. Die Tomatenscheiben darauf verteilen und mit dem Schafkäse belegen. Mit Pfeffer würzen, mit Oregano bestreuen und mit dem Öl beträufeln.

Die Päckchen fest verschließen und im Ofen auf der mittleren Schiene etwa 20 Minuten backen. Herausnehmen und warm halten, den Ofen nicht ausschalten.

Inzwischen für das Lamm das Fleisch salzen und pfeffern. In einer Pfanne das Öl erhitzen und das Fleisch darin auf jeder Seite kurz anbraten. In eine ofenfeste Form geben und ebenfalls im Ofen auf der mittleren Schiene noch 12–15 Minuten garen. Aus dem Backofen nehmen, mit Folie abdecken und 5 Minuten ruhen lassen.

Für die Gremolata die Petersilie waschen, trocken schütteln und fein hacken. Den Knoblauch schälen und fein hacken. Petersilie, Knoblauch und abgeriebene Zitronenschale vermischen und die Gremolata mit Salz und Pfeffer würzen.

Das Lammfilet in Scheiben schneiden, die Gremolata darüberstreuen und mit den Tomaten-Feta-Päckchen servieren.

CURRY-PUTEN-SPIESSE

MIT GEWÜRZ-TABOULEH

ZUTATEN

Für die Spieße
600 g Putenbrustfilet
Salz
Pfeffer
1 EL mildes Currypulver

Für das Gewürz-Tabouleh
200 g Couscous
1 Bund Petersilie
1 Stiel Minze
1 Gurke
1 gelbe Paprikaschote
1 rote Zwiebel
½ Granatapfel
1 Zitrone
4 EL Olivenöl
Salz
Pfeffer

Außerdem
8 Holzspieße

4 Personen
40 Minuten

ZUBEREITUNG

Für die Spieße den Backofen auf 200° (Ober-/Unterhitze) vorheizen. Ein Backblech mit Backpapier auslegen. Das Putenfleisch waschen, trocken tupfen und in etwa 3 x 3 cm große Würfel schneiden. Mit Salz und Pfeffer würzen und mit dem Currypulver einreiben. Das Fleisch auf die Holzspieße stecken, nebeneinander auf das Blech legen und im Ofen auf der mittleren Schiene etwa 20 Minuten garen.

Inzwischen für das Gewürz-Tabouleh den Couscous in eine Schüssel geben und mit 300 ml kochendem Wasser übergießen. Zugedeckt 10 Minuten quellen lassen.

Die Petersilie und die Minze waschen, trocken schütteln und fein hacken. Die Gurke schälen und längs halbieren. Die Kerne mithilfe eines Löffels herauskratzen und die Gurke klein würfeln. Die Paprikaschote halbieren und Samen und weiße Trennwände entfernen. Die Paprika waschen und klein würfeln. Die Zwiebel schälen und fein hacken. Die Granatapfelkerne herauslösen. Die Zitrone halbieren und auspressen.

Kräuter, Gemüse und Granatapfelkerne mit dem Couscous mischen und das Tabouleh mit Olivenöl, Zitronensaft, Salz und Pfeffer würzen.

Das Gewürz-Tabouleh mit den Curry-Puten-Spießen servieren.

BUNTER LINSENSALAT

MIT RADICCHIO UND ORANGE

ZUTATEN

2 Möhren
2 Stangen Staudensellerie
2 Stiele Thymian
1 Stiel Rosmarin
6 EL Olivenöl
250 g grüne Linsen (Puy-Linsen)
600 ml Gemüsebrühe
1 Lorbeerblatt
2 Orangen
½ Radicchio
2 Frühlingszwiebeln
½ Bund Petersilie
3 EL Rotweinessig
1 TL Dijonsenf
Salz
Pfeffer

4 Personen
35 Minuten

ZUBEREITUNG

Die Möhren schälen, den Staudensellerie waschen und putzen, ggf. harte Fäden ziehen. Das Selleriegrün beiseitelegen. Das Gemüse klein würfeln. Den Thymian und Rosmarin waschen und trocken schütteln, die Blätter und Nadeln abzupfen und klein hacken.

In einem Topf 2 Esslöffel Öl erhitzen und das Gemüse darin kurz anbraten. Die Linsen zugeben und mit Gemüsebrühe aufgießen. Das Lorbeerblatt und die Kräuter zufügen und alles zugedeckt bei niedriger Hitze 20 Minuten köcheln lassen. Dabei gelegentlich umrühren und bei Bedarf noch etwas Wasser zufügen.

Inzwischen die Orangen schälen und filetieren, den Saft dabei auffangen und Orangenreste auspressen. Den Radicchio putzen, waschen und trocken schütteln. Die Blätter in dünne Streifen schneiden. Die Frühlingszwiebeln putzen, waschen und schräg in Ringe schneiden. Die Petersilie zupfen. Das Selleriegrün waschen, trocken schütteln und in feine Streifen schneiden.

Für die Vinaigrette aufgefangenen Orangensaft, restliches Öl, Essig, Senf, Salz und Pfeffer verquirlen.

Das Lorbeerblatt entfernen. Die Linsen vorsichtig mit Radicchio, Orangen und Frühlingszwiebeln vermischen. Die Vinaigrette unterrühren und mit Selleriegrün und Petersilie bestreuen.

Den Linsensalat nochmals abschmecken und am besten noch lauwarm servieren.

ZANDERFILET

MIT GERÖSTETEM WURZELGEMÜSE AUF QUINOA

ZUTATEN

250 g Tricolor-Quinoa (rot, weiß und schwarz; wahlweise nur weißer)

750 ml Gemüsebrühe

50 g Pinienkerne

4 Rote Beten

2 Pastinaken

2 Petersilienwurzeln

2 Äpfel

8 EL Olivenöl

2 EL Ahornsirup

Salz

Pfeffer

½ Bund Petersilie

4 Zanderfilets mit Haut (à ca. 200 g)

4 Personen

45 Minuten

ZUBEREITUNG

Den Quinoa in einem feinen Sieb unter fließend heißem Wasser gründlich waschen. Mit der Gemüsebrühe in einen Topf geben und aufkochen. Bei niedriger Hitze etwa 15 Minuten köcheln lassen, dabei gelegentlich umrühren. Vom Herd nehmen und zugedeckt 5 Minuten ausquellen lassen.

Inzwischen die Pinienkerne in einer Pfanne ohne Fett rösten. Den Backofen auf 180 °C (Ober-/Unterhitze) vorheizen. Zwei Backbleche mit Backpapier auslegen.

Die Roten Beten, Pastinaken und Petersilienwurzeln schälen und längs in Spalten schneiden. Die Äpfel waschen, vierteln, das Kerngehäuse entfernen und die Viertel ebenfalls in Spalten schneiden. Alles auf dem Blech verteilen und mit 6 Esslöffeln Öl und Ahornsirup beträufeln, mit Salz und Pfeffer würzen und im Ofen auf der mittleren Schiene 20 Minuten backen.

Währenddessen die Petersilie waschen, trocken schütteln und fein hacken. Den Zander waschen und trocken tupfen und auf der Hautseite quer einschneiden. In einer Pfanne das restliche Öl erhitzen und die Filets darin auf der Hautseite 5–6 Minuten knusprig braten. Dann umdrehen und 4–5 Minuten fertig braten. Mit Salz und Pfeffer würzen.

Den Quinoa vorsichtig mit dem Röstgemüse mischen, nochmals mit Salz und Pfeffer abschmecken. Die Pinienkerne und Petersilie darüberstreuen und mit dem Zanderfilet servieren.

GEMÜSEREIS

MIT SESAM-TOFU

ZUTATEN

200 g Basmatireis, Salz
1 Brokkoli
1 Zwiebel
2 cm Ingwer
1 kleine rote Chilischote
1 Limette
1 Chicorée
40 g Cashewkerne
400 g Tofu
4 EL helle und dunkle Sesamsamen
4 EL Kokosöl
½ EL gemahlene Kurkuma
½ TL gemahlener Kreuzkümmel
½ TL gemahlener Koriander
40 g Rosinen
Pfeffer
½ Bund Koriandergrün

4 Personen
35 Minuten

ZUBEREITUNG

Den Reis in 500 ml leicht gesalzenem Wasser aufkochen und zugedeckt 15 Minuten köcheln lassen, dabei gelegentlich umrühren. Vom Herd nehmen und 10 Minuten quellen lassen. Inzwischen den Brokkoli waschen, in Röschen teilen und in Salzwasser 5 Minuten bissfest garen. In ein Sieb abgießen und kalt abschrecken.

Zwiebel und Ingwer schälen und fein hacken. Die Chilischote halbieren und Samen und weiße Trennwände entfernen. Die Chilischote waschen und fein hacken. Die Limette halbieren und auspressen. Den Chicorée putzen, waschen und in Streifen schneiden. Die Cashewkerne grob hacken. Den Tofu in Würfel schneiden. Die Sesamsamen auf einem Teller verteilen und die Tofuwürfel darin wälzen.

In einem Topf 2 Esslöffel Öl erhitzen und Zwiebel, Ingwer und Chili darin anschwitzen. Kurkuma, Kreuzkümmel und Koriander zufügen. Den Reis zugeben und kurz anbraten. Brokkoli, Chicorée und Rosinen zufügen und 3–4 Minuten anbraten.

In einer Pfanne das restliche Öl erhitzen und die Tofuwürfel rundum 3–4 Minuten anbraten. Den Gemüsereis mit Limettensaft, Salz und Pfeffer abschmecken. Den Koriander waschen, trocken schütteln, fein hacken und unter den Reis mischen. Den Gemüsereis mit dem Sesam-Tofu servieren.

INFO

Den Reis schon am Vorabend kochen und komplett abkühlen lassen. Dabei kristallisiert die Stärke aus und wird verdauungsrobuster. Diese resistente Stärke ist gut für die Darmbakterien.

GEMÜSEPFANNE

MIT GEBACKENEN EIERN

ZUTATEN

1 Staude Mangold (ca. 500 g)

1 Bund Grün- oder Schwarzkohl (ca. 500 g)

1 Zwiebel

1 Knoblauchzehe

1 Chilischote

3 EL Olivenöl

1 TL gemahlener Kreuzkümmel

Salz

Pfeffer

4 Eier

1 Bund Dill

150 g Sauerrahm

Außerdem
1 Vollkorn-Baguette zum Servieren

4 Personen
45 Minuten

ZUBEREITUNG

Den Mangold und den Kohl putzen und waschen. Die Stiele am Blattansatz abschneiden und klein würfeln. Die Blätter in Streifen schneiden. Die Stiele des Schwarzkohls sind nicht essbar und müssen entfernt werden. Die Zwiebel und die Knoblauchzehe schälen und fein hacken. Die Chilischote halbieren, weiße Trennwände und Samen entfernen. Die Chilischote waschen und klein hacken. Den Backofen auf 170 °C (Ober-/Unterhitze) vorheizen.

Das Öl in einer großen ofenfesten Pfanne erhitzen und Zwiebel, Knoblauch und Chili darin anschwitzen. Die Stiele von Mangold und Kohl zugeben und 4–5 Minuten anbraten. Die Gemüseblätter zufügen und mit Kreuzkümmel, Salz und Pfeffer würzen. Bei niedriger Hitze weitere 4–5 Minuten andünsten, dabei ab und zu umrühren.

Mit einem Kochlöffel vier Mulden in das Gemüse drücken. Die Eier einzeln aufschlagen und jeweils vorsichtig in eine Mulde gleiten lassen. Die Gemüsepfanne im Ofen auf der mittleren Schiene 10–15 Minuten backen, bis das Eiweiß gestockt ist.

Inzwischen den Dill waschen, trocken schütteln und fein hacken. Die Gemüsepfanne aus dem Ofen nehmen, den Dill über die Eier streuen und den Sauerrahm in Klecksen darauf verteilen. Das Gemüse in der Pfanne servieren und das Baguette dazu reichen.

INFO

Wer keinen Grünkohl bekommt, kann auch ein anderes grünes Blattgemüse wie Blattspinat, Pak Choi oder Wirsing verwenden.

HÄHNCHENFILET

MIT KÜRBISKERNKRUSTE UND APFEL-SELLERIE-PÜREE

ZUTATEN

Für das Püree
400 g Knollensellerie

2 mehlig kochende Kartoffeln (à ca. 350 g)

1 Apfel

100 ml Milch

50 g Butter

Salz

Pfeffer

Muskatnuss

Für das Hähnchen
4 Hähnchenbrustfilets (à ca. 120 g)

Salz

Pfeffer

2 Eier (M)

160 g Kürbiskerne

3 EL Dinkelmehl (Type 630)

Außerdem
Rapsöl zum Braten

4 Personen
35 Minuten

ZUBEREITUNG

Für das Püree Sellerie, Kartoffeln und Apfel schälen. Den Sellerie und die Kartoffeln klein würfeln. Den Apfel vierteln und das Kerngehäuse entfernen, die Viertel ebenfalls klein würfeln.

Sellerie, Kartoffeln und Apfel in einen Topf geben und mit Wasser bedecken. Alles aufkochen und zugedeckt bei niedriger Hitze 15–20 Minuten köcheln lassen. Anschließend in ein Sieb abgießen und abtropfen lassen.

Sellerie, Kartoffeln und Apfel wieder in den Topf geben, Milch und Butter zufügen und alles mit einem Kartoffelstampfer grob stampfen. Mit Salz, Pfeffer und Muskatnuss würzen. Nach Belieben mit dem Stabmixer fein pürieren, warm halten.

Inzwischen die Hähnchenbrustfilets waschen, trocken tupfen und mit Salz und Pfeffer würzen. Die Eier in einem tiefen Teller verquirlen. Die Kürbiskerne hacken und auf einem weiteren Teller verteilen. Das Mehl ebenfalls auf einen Teller geben. Die Hähnchenfilets zuerst im Mehl wenden, dann durch die verquirlten Eier ziehen und zuletzt mit den Kürbiskernen panieren.

Etwas Öl in einer Pfanne erhitzen und die Filets darin auf jeder Seite 12–15 Minuten braten. Die Hähnchenfilets mit dem Apfel-Sellerie-Püree servieren.

ASIA-NUDELPFANNE

MIT TOPINAMBUR UND RÄUCHERTOFU

ZUTATEN

200 g Räuchertofu
250 g Topinambur
200 g Möhren
1 Bund Frühlingszwiebeln
3 cm Ingwer
3 EL helle und dunkle Sesamsamen
200 g Mie-Nudeln (asiatische Weizennudeln)
3 EL Rapsöl
3-4 EL helle Sojasoße
Pfeffer
Salz

4 Personen
35 Minuten

ZUBEREITUNG

Den Tofu in 1 cm große Würfeln schneiden. Die Topinambur und die Möhren schälen und in dünne Scheiben schneiden oder hobeln. Die Frühlingszwiebeln putzen, waschen und schräg in Ringe schneiden. Ingwer schälen und fein hacken.

Die Sesamsamen in einer Pfanne ohne Fett leicht rösten, herausnehmen und beiseitestellen.

Die Mie-Nudeln nach Packungsanleitung etwa 5 Minuten bissfest kochen oder mit kochend heißem Wasser übergießen und zugedeckt etwa 9 Minuten ziehen lassen. Die Nudeln in ein Sieb abgießen und abtropfen lassen.

Das Öl in einem Wok oder einer großen Pfanne erhitzen und Topinambur und Möhren darin etwa 5 Minuten anbraten. Frühlingszwiebeln, Ingwer und Räuchertofu zugeben und alles noch 4 Minuten braten. Dabei immer wieder umrühren. Mit Sojasoße, Pfeffer und wenig Salz würzen. Die Nudeln zufügen und alles gut vermischen.

Die Asia-Nudelpfanne auf Teller verteilen und mit den Sesamsamen bestreut servieren.

INFO

Sojasoße zählt zu den gesunden Probiotika, die unserem Darm besonders schmeicheln. Denn bei natürlich gebrauten Sojasoßen werden die Sojabohnen durch Mikroorganismen fermentiert, die dann auch im Produkt enthalten sind. Greifen Sie daher zu den asiatischen Würzsoßen, die traditionell hergestellt sind.

SNACKS & SÜSSES

BLAUBEER-MUFFINS

MIT HAFERFLOCKEN-ZIMT-TOPPING

ZUTATEN

Für das Topping
30 g kernige Haferflocken
30 g Rohrohrzucker
¼ TL Zimt
1 EL Dinkelmehl (Type 630)
1 EL Kokosöl

Für die Muffins
250 g Dinkelmehl (Type 630)
2 TL Backpulver, Salz
¼ TL Natron
2 EL Kokosöl
250 g Sauerrahm
60 ml Rapsöl
1 TL gemahlene Vanille
180 g Rohrohrzucker
1 Ei (M)
200 g TK-Blaubeeren

Außerdem
Muffinblech
12 Papiermuffinförmchen

12 Muffins
45 Minuten

ZUBEREITUNG

Den Backofen auf 220 °C (Ober-/Unterhitze) vorheizen. Die Mulden des Muffinblechs mit Papierförmchen auslegen.

Für das Topping alle Zutaten in einer Schüssel vermischen.

Für die Muffins in einer weiteren Schüssel das Mehl mit Backpulver, Salz und Natron vermischen. Das Kokosöl mit Sauerrahm, Rapsöl, Vanille, Zucker und Ei verrühren. Die Mehlmischung unter die flüssige Mischung heben und alles zu einem glatten Teig verarbeiten. Zuletzt die Blaubeeren vorsichtig unterrühren.

Den Teig auf die Mulden verteilen und das Haferflocken-Zimt-Topping darüberstreuen. Die Muffins im Ofen auf der mittleren Schiene etwa 5 Minuten backen. Dann die Backofentemperatur auf 190 °C herunterschalten und die Muffins weitere 20 Minuten backen.

Die Muffins aus dem Ofen nehmen und etwa 5 Minuten in der Form abkühlen lassen. Anschließend aus der Form lösen und auf einem Kuchengitter vollständig abkühlen lassen.

TIPP

Nach Belieben können Sie auch frische Blaubeeren verwenden. Variieren Sie das Obst nach Belieben mit Himbeeren und roten oder schwarzen Johannisbeeren.

FRUCHTSCHNITTEN

MIT HIMBEEREN

ZUTATEN

250 g Himbeeren
80 g Rosinen
100 g gemahlene Mandeln
200 g zarte Haferflocken
6 EL Ahornsirup
20 g Cornflakes
1 EL Sonnenblumenkerne
2 EL Kürbiskerne

14 Fruchtschnitten
35 Minuten

ZUBEREITUNG

Den Backofen auf 180 °C (Ober-/Unterhitze) vorheizen. Eine quadratische Auflaufform (20 cm Kantenlänge) mit Backpapier auslegen.

Die Himbeeren verlesen, waschen und trocken tupfen. In einem hohen Rührbecher mit dem Stabmixer pürieren. Die Rosinen zufügen und kurz untermixen. Die restlichen Zutaten unterheben und alles gut vermischen.

Die Masse gleichmäßig hoch auf dem Backpapier verstreichen. Alles im Ofen auf der mittleren Schiene etwa 20 Minuten backen. Die Form aus dem Ofen nehmen, das Backpapier mit den Fruchtschnitten herausnehmen und auf einem Kuchengitter abkühlen lassen. Dann mit einem scharfen Messer in 14 Riegel schneiden.

TIPP

Sie können die Himbeer-Fruchtschnitten auch portionsweise einfrieren und bei Bedarf auftauen.

SÜSSKARTOFFELN

MIT BUNTEM BELAG

ZUTATEN

Für die Süßkartoffel-Toasts
4 große Süßkartoffeln
(à 4–5 Scheiben)

Für Belag 1
2 kleine Birnen
150 g Hüttenkäse
2 TL geschroteter Leinsamen
Salz, Pfeffer

Für Belag 2
4 Radieschen, 150 g Quark
1 EL Sonnenblumenkerne
Salz, Pfeffer

Für Belag 3
1 Limette, 1 große Avocado
1 Kugel Mozzarella
Salz, Pfeffer
2 EL gemischte Sprossen
2 EL helle und dunkle Sesamsamen

4 Personen
30 Minuten

ZUBEREITUNG

Für die Süßkartoffel-Toasts den Backofen auf 180 °C (Grillfunktion) vorheizen. Zwei Backbleche mit Backpapier auslegen. Die Süßkartoffeln gründlich waschen, trocken tupfen und in etwa 1 cm dicke Scheiben schneiden. Nebeneinander auf den Blechen verteilen und nacheinander jeweils etwa 15 Minuten unter dem Backofengrill grillen. Dabei mehrmals wenden. Herausnehmen und abkühlen lassen, dann belegen.

Belag 1
Die Birnen waschen, vierteln und entkernen. Die Viertel in Scheiben schneiden. Einige Süßkartoffelscheiben mit Hüttenkäse bestreichen und mit Birnen belegen. Salzen und pfeffern. Mit Leinsamen bestreut servieren.

Belag 2
Die Radieschen putzen und waschen, dabei einige Blätter Radieschengrün waschen, trocken schütteln und grob hacken, zum Garnieren beiseitelegen. Die Radieschen in dünne Scheiben hobeln oder schneiden. Einige Süßkartoffelscheiben mit Quark bestreichen und mit Radieschen belegen. Die Sonnenblumenkerne nach Belieben in einer Pfanne ohne Fett rösten und über die Toasts streuen. Salzen und pfeffern. Mit Radieschengrün bestreut servieren.

Belag 3
Die Limette halbieren und auspressen. Die Avocado halbieren und den Kern entfernen. Das Fruchtfleisch herauslösen, in Scheiben schneiden und sofort mit Limettensaft beträufeln. Den Mozzarella in Scheiben schneiden. Einige Süßkartoffelscheiben mit Avocado und Mozzarella belegen, mit Salz und Pfeffer würzen. Mit Sprossen und Sesam bestreut servieren.

ZUTATEN

Für Belag 4
4 EL Mandelmus

200 g gemischte Beeren (wie Erd-, Him-, Johannis- oder Blaubeeren)

2 EL Pistazienkerne

Für Belag 5
150 g Frischkäse

2 TL Tomatenmark

Salz, Pfeffer

½ Gurke, 2 Tomaten

8–10 Basilikumblätter

ZUBEREITUNG

Belag 4
Einige Süßkartoffelscheiben mit Mandelmus bestreichen. Die Beeren verlesen, waschen und trocken tupfen, gegebenenfalls klein schneiden. Die Pistazien grob hacken. Die Toasts mit den Beeren belegen und mit den Pistazien bestreut servieren.

Belag 5
Den Frischkäse mit dem Tomatenmark verrühren, salzen und pfeffern. Die Gurke waschen und schräg in dünne Scheiben schneiden. Die Tomaten waschen und ebenfalls in dünne Scheiben schneiden. Einige Süßkartoffelscheiben mit dem Tomatenfrischkäse bestreichen und mit Gurken- und Tomatenscheiben belegen. Mit Basilikumblättern garniert servieren.

TIPP
Sie können die Süßkartoffelscheiben auch auf dem Grill oder im Toaster zubereiten.

ERDBEER-TIRAMISU

MIT VANILLE IM GLAS

ZUTATEN

500 g Erdbeeren
1 Vanilleschote
500 g Mascarpone
250 g Magerquark
50 g Rohrohrzucker
100 g Löffelbiskuits
200 ml frisch gepresster Orangensaft

4 Personen
Zubereitung: 20 Minuten
Kühlen: 30 Minuten

ZUBEREITUNG

Die Erdbeeren waschen und vier schöne Früchte zum Garnieren beiseitelegen. Von den restlichen Erdbeeren den Stielansatz entfernen, die Beeren trocken tupfen und in Scheiben schneiden.

Die Vanilleschote mit einem scharfen Messer längs aufschlitzen und das Mark herauskratzen. Vanillemark mit Mascarpone, Quark und Zucker cremig rühren.

Die Löffelbiskuits in einen Gefrierbeutel geben und mit einem Nudelholz darüberrollen, bis die Kekse bröselig sind. Die Biskuitbrösel mit dem Orangensaft vermischen.

Die Hälfte der Brösel auf vier Dessertgläser verteilen. Die Hälfte der Creme daraufgeben und mit der Hälfte der Erdbeeren überlappend belegen. Jeweils mit einer weiteren Schicht Biskuitbröseln, Creme und Erdbeeren fortfahren.

Die Tiramisu-Gläser zum Durchziehen 30 Minuten in den Kühlschrank stellen. Dann mit je 1 Erdbeere garniert servieren.

DINKEL-FOCACCIA

MIT OLIVEN UND TOMATEN

ZUTATEN

Für den Teig
400 g Weizenmehl (Type 405)
600 g Dinkelvollkornmehl
3 TL Salz
1 Würfel Hefe (42 g)
100 ml Olivenöl
3 EL Honig

Für den Belag
24 Kirschtomaten (ca. 250 g)
4 Stiele Basilikum
80 g schwarze Oliven, entsteint
grobes Meersalz
Pfeffer

Außerdem
Mehl für die Arbeitsfläche
Olivenöl für die Schüssel und zum Beträufeln

8 Stück
Zubereitung: 60 Minuten
Gehen: 75 Minuten

ZUBEREITUNG

Für den Teig in einer Schüssel beide Mehlsorten mischen und in die Mitte eine tiefe Mulde drücken. Das Salz auf dem Mehlrand verteilen. Die Hefe in eine Schüssel bröckeln und 600 ml warmes Wasser zufügen. Öl und Honig dazugeben und alles verrühren, bis sich die Hefe aufgelöst hat. Die Hefemischung in die Mulde gießen und langsam nach und nach das Mehl vom Rand mit der Flüssigkeit verrühren.

Alles zu einem kompakten Teig verarbeiten und auf der leicht bemehlten Arbeitsfläche etwa 5 Minuten kräftig durchkneten. Den Teig in einer mit etwas Öl ausgestrichenen Schüssel zugedeckt an einem warmen Ort etwa 45 Minuten gehen lassen.

Den Backofen auf 220 °C (Ober-/Unterhitze) vorheizen. Zwei Backbleche mit Backpapier auslegen. Den Teig achteln und jeweils auf der leicht bemehlten Arbeitsfläche zu einem flachen Fladen drücken. Nebeneinander auf die Bleche legen und zugedeckt nochmals 30 Minuten gehen lassen.

Inzwischen die Tomaten waschen und je nach Größe halbieren. Das Basilikum waschen, trocken schütteln und die Blätter abzupfen. Die Teigfladen mit einer Gabel mehrmals einstechen, mit Tomaten und Oliven belegen und diese leicht andrücken. Mit Öl beträufeln, mit Meersalz bestreuen und mit Pfeffer würzen. Die Focacce im Ofen auf der mittleren Schiene 8–10 Minuten backen. Mit Basilikum bestreut servieren.

TIPP

Sie können die Focacce schon am Vorabend backen, denn die Teigfladen halten sich wunderbar bis zum nächsten Tag.

DINKEL-CLAFOUTIS

MIT PFIRSICH UND HIMBEEREN

ZUTATEN

2 Pfirsiche
150 g Himbeeren
4 Eier (M)
Salz
80 g Rohrohrzucker
¼ TL gemahlene Vanille
100 g Dinkelmehl (Type 630)
170 ml Milch

Außerdem
Butter für die Form
Puderzucker zum Bestäuben

Für 1 Tarte (12 Stück)
50 Minuten

ZUBEREITUNG

Den Backofen auf 180 °C (Ober-/Unterhitze) vorheizen. Eine Tarteform (28 cm Durchmesser) mit Butter ausfetten. Die Pfirsiche waschen, halbieren, vom Kern befreien und in Spalten schneiden. Die Himbeeren verlesen, waschen und trocken tupfen.

Die Eier trennen. Das Eiweiß mit 1 Prise Salz steif schlagen. Das Eigelb mit Zucker und Vanille schaumig schlagen. Das Mehl abwechselnd mit der Milch zufügen und alles zu einem glatten Teig verarbeiten.

Den Eischnee vorsichtig unterheben. Die Masse in die Form füllen und das Obst darauf verteilen. Den Clafoutis im Ofen auf der mittleren Schiene 30–35 Minuten backen.

Den Clafoutis aus dem Ofen nehmen und etwas abkühlen lassen. Mit Puderzucker bestäuben und am besten noch lauwarm servieren.

TIPP

Wählen Sie saisonales Obst. Anstatt Pfirsichen passen auch Pflaumen, Aprikosen oder Kirschen.

ZUCCHINI-FRITTATA

MIT SPINAT UND SAUERRAHM

ZUTATEN

1 kleine Zucchini
500 g frischer Spinat
1 Knoblauchzehe
80 g Bergkäse
6 Eier (M)
200 g Sauerrahm
Salz
Pfeffer
3 EL Olivenöl
1 Bund Schnittlauch

4 Personen
40 Minuten

ZUBEREITUNG

Die Zucchini putzen, waschen und in dünne Scheiben hobeln oder schneiden. Den Spinat putzen, waschen und trocken schütteln. Die Knoblauchzehe schälen und fein hacken. Den Bergkäse reiben. Die Eier und den Sauerrahm verrühren. Den Käse zugeben und die Eiermasse mit Salz und Pfeffer würzen.

Den Backofen auf 180 °C (Umluft) vorheizen. In einer ofenfesten beschichteten Pfanne 2 Esslöffel Öl erhitzen und die Knoblauchzehe darin anschwitzen. Den Spinat zugeben und 3–4 Minuten zusammenfallen lassen. Mit Salz und Pfeffer würzen. Herausnehmen, abtropfen lassen und beiseitestellen.

Die Pfanne auswischen und das restliche Öl darin erhitzen. Die Zucchinischeiben anbraten, mit Salz und Pfeffer würzen.

Den Spinat gründlich ausdrücken, grob zerkleinern und über die ausgebreiteten Zucchinischeiben schichten. Die Eiermasse darübergießen.

Die Frittata im Ofen auf der mittleren Schiene 15–18 Minuten stocken lassen. Den Schnittlauch waschen, trocken schütteln und in feine Röllchen schneiden. Die Frittata aus dem Ofen nehmen und auf einen großen Teller stürzen, in Stücke schneiden und mit Schnittlauch bestreut servieren.

TIPP

Die Spinat-Zucchini-Frittata lässt sich prima mitnehmen und schmeckt auch kalt sehr gut.

BLISS BALLS

MIT CRANBERRIES

ZUTATEN

60 g Mandeln
40 g Cashewkerne
1 EL Leinsamen
50 g Datteln, entkernt
50 g Cranberries
1 EL ungesüßtes Kakaopulver
1 EL Kokosöl
2 EL Mandelmus

ca. 25 Kugeln
30 Minuten

ZUBEREITUNG

In einer Küchenmaschine Mandeln, Cashewkerne und Leinsamen fein mixen. In eine Schüssel füllen. Die Datteln und die Cranberries ebenfalls mixen und zur Nussmischung geben.

Kakaopulver, Öl und Mandelmus zufügen und alles zu einer Paste vermischen. In Folie gewickelt 10 Minuten kühl stellen.

Anschließend aus der Masse mit den Händen etwa 25 walnussgroße Kugeln formen. In einer gut schließenden Dose im Kühlschrank lagern.

TIPP

Sie können die Energiekugeln auch portionsweise einfrieren und bei Bedarf die benötigte Menge auftauen.

INFO

Wenn Sie einen Bliss Ball essen, sollten Sie dazu immer reichlich trinken. Denn die Leinsamen quellen stark auf.

KOKOS-CRUMBLE

MIT APRIKOSEN

ZUTATEN

120 g zarte Dinkelflocken (wahlweise zarte Haferflocken)

20 g Kokosraspel

40 g Rohrohrzucker

1 TL gemahlene Vanille

¼ TL Salz

50 g eiskalte Butter

600 g Aprikosen

Außerdem
Butter für die Förmchen

6 Personen
40 Minuten

ZUBEREITUNG

Die Dinkelflocken mit Kokosraspeln, Zucker, Vanille und Salz in eine Schüssel geben und vermischen. Die Butter in Stückchen dazugeben und alles zu einem krümeligen Teig verarbeiten. Kühl stellen.

Den Backofen auf 180 °C (Ober-/Unterhitze) vorheizen. 6 ofenfeste Förmchen (ca. 8 cm Durchmesser) ausfetten.

Die Aprikosen waschen, entkernen und in Spalten schneiden. In die Förmchen verteilen und mit dem Kokos-Crumble bestreuen. Im Ofen auf der mittleren Schiene etwa 20 Minuten goldbraun backen. Herausnehmen und vor dem Servieren kurz abkühlen lassen.

TIPP

Das Kokos-Crumble-Rezept eignet sich prima für fast alle Obstsorten, traditionell wird saisonales Obst verwendet.

EINGELEGTE MÖHREN

MIT HÜTTENKÄSE AUF VOLLKORNBROT

ZUTATEN

Für die Möhren
50 g Salz
500 g Möhren
3 cm Ingwer

Zum Servieren
8 Scheiben Roggenbrot
500 g Hüttenkäse
1 Kästchen Kresse
Pfeffer

4 Personen
Zubereitung: 20 Minuten
Fermentieren: 5–10 Tage

ZUBEREITUNG

Für die Möhren das Salz in 1 l warmem Wasser auflösen und abkühlen lassen. Inzwischen Möhren schälen und raspeln. Ingwer schälen und fein reiben. Möhren und Ingwer in die Lake einlegen und mit einem Teller beschweren, sodass sie vollständig mit Salzwasser bedeckt sind. 12 Stunden bei Zimmertemperatur ziehen lassen.

Die Möhren abseihen, dabei die Lake auffangen, und in ein sauberes Einmachglas (ca. 500 ml Inhalt) füllen. Dabei fest nach unten drücken, damit sich keine Luftblasen bilden. Mit dem aufgefangenen Salzwasser bis 4 cm unter den Rand des Glases aufgießen. Mit einem Gewicht (eine Plastiktüte oder ein kleineres Gefäß mit Wasser gefüllt) beschweren. Die Möhren sollten immer mit Flüssigkeit bedeckt sein. Mit einem Mulltuch bedecken, damit keine Fremdköper in das Glas kommen.

Nach etwa 1 Woche sind die Möhren durchfermentiert. Das Gewicht entfernen und das Glas luftdicht verschließen. Dunkel und kühl lagern. Nach dem Anbruch kühl aufbewahren.

Die Roggenbrote mit dem Hüttenkäse bestreichen und mit je 1–2 Esslöffeln eingelegten Möhren belegen. Die Kresse vom Beet schneiden und über die Brote streuen. Mit Pfeffer würzen.

INFO

Fermentiertes Gemüse ist besonders gesund, denn beim Gären werden Zucker und Stärke aus dem Gemüse in gesunde Bakterien, sogenannte Probiotika, umgewandelt. Diese unterstützen unsere Darmbakterien und bringen die Darmflora ins Gleichgewicht. Zusätzlich erhöht Fermentieren die Wirksamkeit der sekundären Pflanzenstoffe, die die Zellen stärken.

GEFÜLLTE PITA

MIT HÄHNCHEN UND AVOCADO-TOMATEN-SALSA

ZUTATEN

4 Tomaten
2 Avocados
1 rote Zwiebel
1 rote Chilischote
1 Limette
4 EL Olivenöl
Salz
Pfeffer
2 Hähnchenbrustfilets
1 EL Ras el Hanout
4 Vollkorn-Pitabrote
4 Blätter Eichblattsalat

4 Personen
25 Minuten

ZUBEREITUNG

Für die Salsa die Tomaten waschen, halbieren und jeweils den Stielansatz entfernen. Die Tomaten klein würfeln. Die Avocados halbieren, den Kern entfernen und das Fruchtfleisch mithilfe eines Löffels herauslösen. Das Fruchtfleisch würfeln. Die Zwiebel schälen und fein hacken. Die Chilischote halbieren und Samen und weiße Trennwände entfernen. Die Chilischote waschen und klein hacken. Die Limette auspressen.

In einer Schüssel Tomaten, Avocado, Zwiebel, Chili, Limettensaft und 2 Esslöffel Öl vermischen. Mit Salz und Pfeffer würzen.

Die Hähnchenfilets waschen und trocken tupfen. Das Fleisch klein würfeln und mit Ras el Hanout, Salz und Pfeffer würzen. In einer Pfanne das übrige Öl erhitzen und die Hähnchenwürfel darin rundum 3–4 Minuten anbraten.

Zum Servieren die Pitabrote rösten. Die Salatblätter waschen und trocken schütteln. Die Pitabrote quer öffnen, jeweils mit 1 Salatblatt belegen und mit Hähnchen und Salsa füllen.

INFO

Avocados punkten mit einem hohen Gehalt an ungesättigten Fettsäuren, die Balsam für Herz und Gefäße sind und unsere Darmflora pflegen.

ROTE-BETE-HUMMUS

MIT ROHKOST-STICKS

ZUTATEN

240 g gegarte Kichererbsen (aus der Dose)

200 g Rote Bete (vorgegart und vakuumverpackt)

1 Knoblauchzehe

1 Zitrone

2 EL Tahin (Sesampaste)

3 EL Olivenöl

Salz

Pfeffer

1 EL helle Sesamsamen

Außerdem
600 g Gemüsesticks (z. B. Paprikaschote, Gurke, Stangensellerie, Kohlrabi, Möhren) zum Servieren

4 Personen
15 Minuten

ZUBEREITUNG

Die Kichererbsen in einem Sieb abspülen und gut abtropfen lassen. Die Roten Beten in grobe Stücke zerkleinern (dazu am besten Einmalhandschuhe tragen, da sie stark abfärben). Die Knoblauchzehe schälen und grob hacken. Die Zitrone halbieren und auspressen.

Die Kichererbsen, Roten Beten, Knoblauch, Tahin und Öl im Blitzhacker cremig pürieren. Mit Zitronensaft, Salz und Pfeffer abschmecken.

Den Rote-Bete-Hummus in eine Schüssel füllen und mit Sesamsamen bestreuen. Mit den Gemüsesticks servieren.

TIPP

Der Rote-Bete-Humus passt auch wunderbar als Aufstrich für die Süßkartoffel-Toasts (siehe Seiten 136/137).

REGISTER

G

H

I

J

K

L

T

V

W

Z

ÜBER DIE AUTORIN

Christina Wiedemann (Dipl.-Oecotroph.) ist passionierte Ernährungswissenschaftlerin und veröffentlichte bereits mehrere erfolgreiche Bücher im Bereich Ernährung und Gesundheit. Ihre Leidenschaft und Liebe zu diesen Themen bringt die Autorin unter anderem auf ihrem Blog www.mehrlebensqualitaet.com zum Ausdruck.

Die Qualität der Lebensmittel liegt ihr besonders am Herzen. Besonders Obst, Gemüse, Vollkornprodukte, Hülsenfrüchte und Nüsse sind wahre Schatzkästchen. Ihre wertvollen Inhaltsstoffe dienen als Powerfood für die Darmbakterien. Sind die winzigen Lebewesen wohlgenährt, stellen sich ein gutes Bauchgefühl, ein starkes Immunsystem und mehr Wohlbefinden automatisch ein.

Christina Wiedemann studierte an der TU München-Weihenstephan Ökotrophologie und ist zertifizierte Yoga-Lehrerin (nach Yoga Alliance).

DANKSAGUNG

Ich möchte mich bei all meinen Lesern bedanken. Ihr Feedback, der Zuspruch und die vielfältigen Anregungen sind die Quelle meiner Projekte. Ob für dieses Buch oder meinem Blog **www.mehrlebensqualitaet.com.**

Vielen lieben Dank auch an meine Familie, besonders an meine Tochter, die mit ihren fünf Jahren stets ungeschöntes Feedback gibt und mit großer Begeisterung alle Gerichte probiert!

Ein herzliches Dankeschön auch an Juliane Rottach von EMF und Kathrin Gritschneder für das Herzblut, die vielen Stunden gemeinsamer Arbeit und dem steten Streben dieses Buch zu einem besonderen zu machen.

Danke,
danke!

IMPRESSUM

Bibliografische Information der Deutschen Bibliothek.

Die Deutsche Bibliothek verzeichnet diese Publikation in der deutschen Nationalbibliografie.

Detaillierte bibliografische Daten sind im Internet über http://www.dnb.de/ abrufbar.

EIN BUCH DER EDITION MICHAEL FISCHER

1. Auflage 2017

Covergestaltung: Verena Raith
Layout: Verena Raith
Lektorat: Kathrin Gritschneder, Tegernsee
Fotografie: Nadja Buchczik, Bielefeld
Foodstyling: Anton Enns, Bielefeld

Illustrationen: Sandra Biskup, Wien
Icons: © icon.ork/shutterstock
Pattern: © arigato/shutterstock

ISBN 978-3-86355-748-5

Printed in Slovakia

www.emf-verlag.de